Flammkuchen Kochbuch

Die leckersten und abwechslungsreichsten Flammkuchen Rezepte

Markus Brettschmidt

Email: info@edition-lunerion.de
www.edition-lunerion.de

Psiana eCom UG
Berumer Str. 44
26844 Jemgum

Vorwort

Dünner, knuspriger und unvergleichlich aromatischer Teigfladen – Flammkuchen in allen Variationen wird auf der ganzen Welt geliebt. Ob im edlen Restaurant, am Streetfood-Wagen oder mit guten Freunden beim geselligen Abend - sie sind wandelbare Allrounder und begeistern gerade dadurch, dass für wirklich jeden etwas dabei ist. Also Backblech raus und Ärmel hoch, es gibt Flammkuchen für alle!

Das Geheimnis des Flammkuchens ist sein krosser, knuspriger Boden und was den Belag angeht, sind der Fantasie keine Grenzen gesetzt. Klassisch auf Elsässer Art verwöhnt er den Gaumen mit Crème Fraîche, Zwiebeln und Speck und sorgt für cremig-herzhaften Genuss, allerdings haben längst zahlreiche anderen Varianten Teller und Gaumen erobert. Speck, Gemüse, Fisch, Käse oder ganz vegan - beim Flammkuchen ist alles möglich und sogar süßer Nachtisch ist flugs aufs Blech gezaubert.

Der Teig ist im Handumdrehen selbst gemacht und wenn's mal wirklich schnell gehen muss, können Sie auf Fertigteig zurückgreifen. Richtig satt macht das aber nicht, fürchten Sie? Keine Angst! Dank des beliebig variierbaren Belags gibt es den richtigen Flammkuchen für jede Situation, ob leichter Snack oder deftige Hauptmahlzeit. Also lassen Sie sich von diesem Kochbuch inspirieren und schlemmen Sie sich quer durch die Vielfalt des feinen Fladens!

Viel Spaß beim Backen!

INHALT

Flammkuchen mit Fisch 64

Internationale Flammkuchen 72

Süße Flammkuchen 83

Einleitung

Dem originalen Flammkuchen aus dem schönen Elsass wird eine alte Geschichte zugeschrieben. Flammkuchen entstand anfänglich nämlich aus den Resten, die vom Brotbacken überblieben. Die knusprige Spezialität war damals, also nicht wie heute, eine Delikatesse, sondern eine Backhilfe auf den meisten Bauernhöfen in der süddeutsch-französischen Region an der Grenze. Üblich war es, die Teigmasse wie auch heute sehr dünn auszurollen und den Boden mit einer Art Quark und Sahne zu bestreichen. Außerdem wurde der Fladen meist mit Zwiebeln und Speck belegt und im Holzofen gebacken.

Flammkuchen war auch zu seinen Anfängen ein eher bekanntes Gericht in ländlichen Gegenden und seine traditionelle Zubereitung hat sich bis heute bewährt. Wichtig war es, die richtige Temperatur beim Backen zu erreichen. Um das zu erreichen, wurde ein Stück vom restlichen Teig mit den üblichen Zutaten belegt und für wenige Minuten im Ofen platziert. Reichten diese 2 bis 3 Minuten aus, um den Fladen braun zu backen, wusste man, dass der Holzofen die richtige Temperatur erreicht hatte und das Brotbacken beginnen konnte. Wurden die Kuchen jedoch zu schnell dunkel, wurde gewartet, bis alles etwas abgekühlt war.

Das simple, köstliche Gericht wurde seit jeher gerne mit einem Glas Wein genossen und wird auch heute noch gerne im familiären Kreis oder unter Freunden verzehrt und zelebriert. Seinen Namen erhielt der Kuchen, weil er unmittelbar neben den Flammen des Ofens gebacken wurde, er wird im Elsass auch als "Flammekueche" bezeichnet. Die Franzosen nennen die leckere Speise "tarte flambée", was so viel wie flambieren oder auch brennen bedeutet.

Für den Teig eines traditionellen Flammkuchens braucht es nicht mehr als etwas Salz, Öl, Wasser und Mehl. Vorteil an dem Gericht ist also, dass man die

Grundzutaten für den üblichen Teig meist schon in der Küche parat hat. Ist der Fladen gebacken, kann man das Ganze entweder traditionell mit Sauerrahm, Speck und Zwiebel belegen, oder man kreiert seine ganz eigene Variante.

Flammkuchen kann divers und individuell verfeinert werden. Besonders vorteilhaft ist auch, dass man ihn je nach Saison belegen kann und er somit zu jeder Jahreszeit passt. Ob Kürbis im Herbst oder saisonales Sommergemüse, süß oder herzhaft oder eine Kombination – Sie können Ihren Gelüsten freien Lauf lassen, wenn es um die Elsässer Spezialität geht. Beim Belegen kommt es ganz darauf an, wonach Ihnen gerade ist. Wichtig ist, eine Basis in Form einer cremigen Konsistenz für den Boden zu haben. So können Sie zum Beispiel zu Sauerrahm greifen oder aber auch zu Crème Fraîche, veganen Produkten, laktosefreien Produkten oder Schmand. Was den Belag angeht, sind Ihnen keine Grenzen gesetzt. Zu den beliebtesten Belägen gehören die Klassiker Zwiebel und Speck sowie Lachs, jegliches Gemüse, Feigen, Lauchzwiebeln und Gewürze aller Art. Die letzte Komponente bildet meist Käse. Hier können Sie ebenfalls auf Käse Ihrer Wahl zugreifen. Spitzenreiter sind Ziegenkäse, Gouda oder Bergkäse. Hätten Sie gerne eine extra Ladung Eiweiß? Greifen Sie gerne auf Hüttenkäse zurück.

Egal, was man für Teig-Vorlieben hat, wichtig ist immer, diesen so dünn wie möglich auszurollen, denn das ist es, was den Flammkuchen ausmacht. Möglichkeiten, um das Einreißen des Teigs vorzubeugen, sind hierbei etwas Zeit, damit die Masse ziehen kann, ausgiebiges Kneten (je länger, desto besser) und auch etwas Öl, damit alles geschmeidig wird. Beim Backen ist darauf zu achten, ausreichend Hitze zu verwenden. Früher wurde der Teig auch direkt neben den Flammen gebacken, hier also keine Scheu vor hohen Temperaturen. Anstatt sich auf eine bestimmte Backzeit zu konzentrieren, kontrollieren Sie während des Backens, wie der Flammkuchen aussieht. Hat er eine goldbraune Farbe entwickelt, ist er meistens knusprig und bereit zum Verzehren. Um eine besonders hohe Backtemperatur zu erreichen, ist ein sogenannter Backstein gut geeignet. Legen Sie den Stein in den Backofen, dort wird er sich aufheizen und die gespeicherte Wärme an die Teigmasse abgeben. Dieses Hilfsmittel macht den Flammkuchenteig extra knusprig und wird oftmals beim Backen von Pizza oder Brot genutzt.

Ob bei familiären Feierlichkeiten oder als schneller Snack zwischendurch – Flammkuchen passt einfach immer. Auch wenn er eine Art Nationalgericht darstellt, gibt es nicht den einzig richtigen seiner Art. Auch das Ur-Rezept ist für den einen so und den anderen so. Auch wenn der originale Teig ein Öl-Teig ist, gilt auch der Hefeteig mittlerweile als gern genutzte Variante. Die Hefe sorgt nämlich

dafür, dass der äußere Rand des Fladens knusprig und der innere Teil saftig wird. Diese Art Teig lässt man dann bestenfalls an einem warmen Ort oder bei Zimmertemperatur ziehen. Sie haben aber nicht nur die Wahl zwischen Öl- und Hefeteig. Genau das macht den Flammkuchen auch so besonders. Man kann nämlich nicht nur den Belag, sondern auch den Teig auf die persönlichen Wünsche abändern und experimentieren. Hier ist für jeden etwas dabei, ob Sauerteig, veganer Teig oder Flammkuchen ohne Gluten.

Auch wenn es mal schnell gehen muss, ist das traditionelle Gericht perfekt geeignet, denn man kann den Teig auch im Voraus zubereiten und im Kühlschrank ziehen lassen. Wichtig beim längeren Lagern des Teigs ist, diesen auch abzudecken. Auch den Belag kann man im Vorhinein schon klein schneiden und bereitstellen. Wenn die Zeit dann knapp ist, muss man den Boden nur noch belegen und backen. Zum Einfrieren ist der Flammkuchenteig ebenfalls hervorragend geeignet.

Flammkuchen ist also ein Gericht, was nicht nur traditionell ist, sondern auch so vielseitig. Man braucht nicht viele Zutaten, wenig Zeit, wenig Geld und der Fantasie sind keine Grenzen gesetzt. Gerade bei dieser Elsässer Spezialität sind kulinarische Experimente gut umzusetzen. Sie bietet sich super an, wenn man spontan Besuch erwartet oder nicht mehr viel im Haus hat. Die krossen Fladen sind simpel zuzubereiten, anpassungsfähig, für jede Person und Vorliebe geeignet und nicht zu vergessen: einfach lecker! Egal, ob herzhaft, süß oder traditionell: dieses Gericht taugt einfach allem. Lassen Sie sich gerne von unseren leckeren und ausgefallenen Rezepten inspirieren und lassen Sie sich den Flammkuchen zusammen mit einem Glas Wein schmecken.

Wer sich an den Rezepten ausprobiert, wird schnell merken, dass das Backen und Zubereiten kein Hexenwerk sind. Hierfür gibt es zwei Grundrezepte, einmal mit und ohne Hefe, die sie für die jeweiligen Rezepte hernehmen können. Dabei entspricht die angegebene Menge jeweils einem Flammkuchen:

Zutaten (ohne Hefe) = vegan!
150 g Mehl
1 EL Öl
1 Prise Salz
80 ml lauwarmes Wasser

Zubereitung:
Alle Zutaten miteinander verkneten. Nach Belieben ruhen lassen.

Zutaten (mit Hefe)
150 g Mehl
+ etwas mehr zum Ausrollen
150 ml lauwarmes Wasser
1 Prise Salz und Zucker
5 g frische Hefe
1 EL Öl n. B.

Zubereitung:
1. Hefe und Zucker vermengen und rühren, bis sie eine flüssige Konsistenz aufweist. Die Hefe-Zucker-Mischung und das Salz zum Mehl geben.
2. Das Wasser und Öl nach und nach hinzufügen, alle Zutaten miteinander verkneten und an einem warmen Ort bis zu einer Stunde gehen lassen.
3. Bevor Sie den Flammkuchenteig dünn auf einem Backpapier ausrollen (hier eignet sich besonders wiederverwendbares Backpapier, da es nicht reißt), nochmal kurz durchkneten.

Und für Allergiker oder die, die einfach mal glutenfrei probieren möchten:

Zutaten (glutenfrei)
1 TL gemahlene Flohsamenschalen
180 ml lauwarmes Wasser
Möglich: Reismehl, Teffmehl, Buchweizenmehl
120 g der oben genannten Mehle (auch ein Mix ist möglich)
60 g Kartoffelstärke
2 Prisen Salz
2 EL Olivenöl

Zubereitung:
1. Flohsamenschalen im Wasser quellen lassen. Mehl mit Stärke und Salz vermengen, dann die gequollenen Flohsamenschalen und das Öl hinzugeben und verkneten.

Und zuletzt die Fitness-Variation mit viel Eiweiß:

Zutaten (Low Carb)
100 g geriebenen Käse (Mozzarella z.B.)
2 Eier
100 g Hüttenkäse oder Quark
50 g gemahlene Mandeln

Zubereitung:
1. Alle Zutaten miteinander vermengen und dünn ausrollen. Falls der Teig zu sehr klebt, kann noch etwas Mandelmehl hinzugefügt werden.

Snacks & Fingerfood

FLAMMKUCHEN STICKS

 1 Blech

 30 Min.

 Mittel

Zutaten

1 Rolle Blätterteig
1 Zwiebel
250 g Kräuterfrischkäse
etwas Käse
200 g Speckwürfel

Nährwerte pro Blech

1830 kcal
114 g Kohlenhydrate
120 g Fett
70 g Eiweiß

1 Den Blätterteig auf der Arbeitsplatte ausbreiten und den Frischkäse darauf streichen. Den Teig nun waagerecht in zwei Hälften aufteilen und zwei längliche, schmale Streifen herstellen

2 Die Zwiebel fein schneiden und die Teighälften mit Reibekäse, Zwiebel und Speck garnieren. Die zweite Hälfte mit der Frischkäseseite nach unten über die andere, belegte Teighälfte legen und sanft aneinanderdrücken.

3 Den Blätterteig senkrecht in ca. zwei Finger breite Streifen schneiden und die jeweiligen Streifen ein paar Mal ineinander verdrehen und auf ein Blech mit Backpapier geben.

4 Diese Streifen mit etwas Wasser beträufeln oder bestreichen und für ungefähr 15 bis 20 Minuten nach Packungsanweisung des Teigs backen.

5 Die Sticks goldbraun werden lassen und anschließend aus dem Ofen nehmen.

KLEINE FLAMMKUCHEN

15 Stück | 2 h 15 Min.. | Mittel

Zutaten

250 g Bauchspeck
1 Würfel Hefe
50 g Mehl
Pfeffer
Salz
2 Zwiebeln
1 kg Dinkelmehl
400 g saure Sahne
1 Ei
2 EL Butter
150 g geriebener Käse

Nährwerte pro Portion

448 kcal
46 g Kohlenhydrate
23 g Fett
14 g Eiweiß

1 Die Hefe in ca. 600 ml lauwarmem Wasser auflösen lassen und 2-3 EL Mehl unterrühren sowie für 15 Minuten aufquellen lassen.

2 Salz mit dem restlichen Mehl in einer Schüssel vermengen, das Hefewasser eingießen und zu einer monotonen Masse verkneten, bis sie sich vom Schüsselrand löst. Das Ganze bedeckt für ca. eine Stunde an einem warmen Ort gehen lassen.

3 Zwischenzeitlich die Zwiebel fein hacken und den Speck in kleine Würfel schneiden. Nun die Butter auf mittlerer Stufe für ca. 10 Minuten erwärmen.

4 Pfeffer, Salz, saure Sahne, Mehl und Ei vermengen und die abgekühlten Zwiebelstücke hinzugeben. Mit Pfeffer und Salz abschmecken.

5 Die Teigmasse in ca. 15 Stücke aufteilen und diese auf einer Arbeitsfläche mit Mehl zu passenden Fladen formen. Die kleinen Böden bedecken und für weitere 15 Minuten ruhen lassen.

6 Den Ofen auf 250 °C Ober/-Unterhitze vorheizen und die Böden mit saurer Sahne bestreichen sowie mit dem Speck versehen. Nun den Käse darauf streuen und im Backofen für 15 bis 20 Minuten backen.

TORTILLA WRAP FLAMMKUCHEN

4 Port.

20 Min.

Leicht

Zutaten

2 Zwiebeln
Salz
Pfeffer
4 große Weizentortillas
120 g Crème légère
130 g Schmand
100 g Schinken
2 EL Schnittlauch

Nährwerte pro Portion

397 kcal
38 g Kohlenhydrate
20 g Fett
13 g Eiweiß

1 Schnittlauch, Schmand und Crème légère miteinander mischen und die Wraps damit bestreichen sowie Pfeffer und Salz zum Würzen verwenden.

2 Die Schinkenwürfel darauf verteilen, die Zwiebel fein hacken und ebenfalls darüber geben.

3 Die leckeren Wraps für ungefähr 15 Minuten bei 180 °C Umluft im vorgeheizten Ofen auf einem Blech mit Backpapier backen.

FLAMMKUCHEN-TOAST

2 Port. 30 Min. Leicht

Zutaten

etwas Schnittlauch
200 ml Crème fraîche
8 Scheiben Toast
Pfeffer
Salz
½ Zwiebel
etwas Sahne
200 g Käse
100 g Schinkenwürfel

Nährwerte pro Portion

568 kcal
43 g Kohlenhydrate
23 g Fett
45 g Eiweiß

1 Den Ofen auf 200 °C vorheizen und die Zwiebel fein hacken.

2 Die Crème fraîche mit etwas Sahne glattrühren und Käse, Schnittlauch, Zwiebel sowie Schinken unterheben.

3 Das Ganze mit Pfeffer und Salz würzen und die Toastscheiben mit dem Belag versehen.

4 Die Scheiben auf einem Backblech mit Backpapier für 10 bis 15 Minuten goldbraun backen.

FLAMMKUCHENSCHNECKEN

16 Stück

35 Min.

Leicht

Zutaten

125 g Schmand
1 Eigelb
1 Flammkuchenteig
Pfeffer
1 Bund Lauchzwiebeln

Nährwerte pro Stück

90 kcal
10 g Kohlenhydrate
4 g Fett
3 g Eiweiß

1 Den Backofen auf 180 °C Umluft vorheizen und ein Blech mit Backpapier ausstatten. Die Lauchzwiebeln säubern und in dünne Ringe schneiden.

2 Den Flammkuchenteig auf einer Arbeitsfläche mit Mehl ausrollen und den Schmand darauf verteilen. Einen dünnen Rand übriglassen und anschließend mit Pfeffer verfeinern.

3 Den gewürfelten Schinken und die Lauchzwiebeln auf dem Teig verteilen, zum übrigen Rand hin eng aufrollen und in etwa 16 Scheiben einteilen.

4 Die Schnecken auf dem Blech verteilen und 1 EL Wasser mit dem Eigelb verquirlen. Die Teilchen damit bestreichen und das Ganze für 15 bis 20 Minuten backen.

FLAMMKUCHEN-HÄPPCHEN

4 Port. 30 Min. Leicht

Zutaten

1 Eigelb
Pfeffer
125 g Schmand
260 g Flammkuchenteig
100 g Schinkenwürfel
1 Bund Lauchzwiebeln

Nährwerte pro Portion

277 kcal
28 g Kohlenhydrate
24 g Fett
11 g Eiweiß

1 Den Ofen auf 180 °C vorheizen und ein Blech mit Backpapier ausstatten.

2 Die Lauchzwiebeln säubern und klein schneiden.

3 Den Teig auf einer Arbeitsfläche mit Mehl ausrollen und den Schmand darauf streichen.

4 Einen dünnen Rand übriglassen und die Masse würzen.

5 Schinken und Lauchzwiebeln verteilen und den Teig eng aufrollen sowie in 16 Portionen schneiden.

6 Die Rollen auf das Backpapier geben und mit 1 EL Wasser und Eigelb bestreichen. Das Ganze für etwa 15 bis 20 Minuten knusprig backen.

.

FLAMMKUCHEN-BLÄTTERTEIG-SNACK

 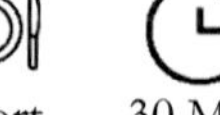 

2 Port. 30 Min. Leicht

Zutaten

1 Rolle Fertig-Blätterteig
3 EL Käse
100 g Crème fraîche
50 ml Sahne
125 g Speckwürfel
1 Zwiebel
Pfeffer
Salz

Nährwerte pro Portion

258 kcal
1 g Kohlenhydrate
23 g Fett
13 g Eiweiß

1 Eine Muffinform mit Fett ausstreichen sowie den Blätterteig ausrollen und mit einem Glas Kreise darin ausstechen.

2 Die Kreise in die Formen geben und mit einer Gabel mehrmals einstechen.

3 Den Speck zusammen mit der klein geschnittenen Zwiebel in einer Pfanne ohne Fett anbraten und abkühlen lassen.

4 Die Sahne mit Schmand vermengen und die Speck- und Zwiebelstücke hineingeben und verrühren.

5 Die Masse nach Belieben würzen und in die Muffinformen geben. Anschließend Käse darüber streuen und alles für 15 Minuten bei 200 °C backen.

.

FLAMMKUCHENRINGE

2 Port. 45 Min. Leicht

Zutaten

1 Flammkuchenteig
2 EL Sesam
80 g Speckwürfel
100 g Crème fraîche
2 EL Mohn
½ Bund Petersilie

Nährwerte pro Portion

361 kcal
20 g Kohlenhydrate
27 g Fett
8 g Eiweiß

1 Den Ofen auf 220 °C Ober/-Unterhitze vorheizen und den Teig ausrollen.

2 Das Ganze mit Crème fraîche bestreichen und die Petersilie und den Speck darauf verteilen.

3 Den Teig einmal zusammenklappen und die Oberfläche mit Mohn und Sesam bestreuen.

4 Das Stück in etwa 2 cm breite Streifen schneiden und die Streifen verdrehen und zu Ringen schließen sowie auf dem Backpapier verteilen.

5 Die Flammkuchenringe auf der mittleren Stufe für 15 bis 20 Minuten backen.

MINI-FLAMMKUCHEN

 4 Port.
 30 Min.
 Leicht

Zutaten

etwas Schinken
Tomaten n. B.
250 g Mehl
Salz
50 g Käse
Paprikaschoten n. B.
2 TL Olivenöl
100 ml Wasser
1 Becher Crème fraîche mit Kräutern

Nährwerte pro Portion

439 kcal
46 g Kohlenhydrate
22 g Fett
13 g Eiweiß

1 Olivenöl, etwas Salz, Wasser und Mehl miteinander vermengen und zu einem gleichmäßigen Teig verarbeiten. Die Masse kurz gehen lassen.

2 Den Teig fein ausrollen und kleine Kreise darin ausschneiden. Diese auf einem Blech mit Backpapier verteilen und die Crème fraîche mit Kräutern darauf verstreichen.

3 Alles mit ein wenig Käse verfeinern und je n. B. Tomaten, Schinken und Paprika verteilen.

4 Die kleinen Flammkuchen für etwa 10 Minuten bei 220°C backen.

.

Traditionell & speziell

ELSÄSSER FLAMMKUCHEN

4 Port.

75 Min.

Mittel

Zutaten

300 g Zwiebeln
250 g Schmand
1 TL Zucker
600 g Mehl
Salz
6 EL Öl
weißer Pfeffer
250 g geräucherter Schinken
½ Würfel Hefe
150 g Crème fraîche

Nährwerte

660 kcal
52 g Kohlenhydrate
42 g Fett
12 g Eiweiß

1 Den Zucker mit der zerbröselten Hefe verrühren, bis die Hefe flüssig wird.

2 300 ml lauwarmes Wasser, Mehl, Öl und ½ TL Salz in eine Schüssel geben und die Hefe hinzufügen. Das Ganze direkt zu einem glatten Teig kneten und zugedeckt für eine halbe Stunde an einem warmen Ort ruhen lassen.

3 Währenddessen die Zwiebeln schälen sowie in Ringe schneiden. Den Speck in Streifen schneiden und Crème fraîche mit dem Schmand vermengen. Nun mit Pfeffer und Salz würzen.

4 Den Teig vierteln, noch einmal durchkneten und ein Viertel ausrollen. Den Teig auf ein Backblech mit Backpapier geben, einen Teil der angerührten Creme darauf verteilen und ein paar Zwiebeln sowie Speck hinzugeben.

5 Den Flammkuchen im vorgeheizten Ofen bei ca. 225 °C Umluft im unteren Teil backen und in der Zwischenzeit die anderen Flammkuchen vorbereiten und belegen.

LOW-CARB-KETO-FLAMMKUCHEN

4 Port.

50 Min.

Leicht

Zutaten

8 Eier
8 Lauchzwiebeln
200 g Speckwürfel
480 g Quark
400 g Crème fraîche
400 g geriebener Käse

Nährwerte pro Portion

976 kcal
15 g Kohlenhydrate
75 g Fett
58 g Eiweiß

1 Den Ofen auf 170 °C Ober/-Unterhitze vorheizen und die Eier, den Quark und ca. 200 g vom Käse in einer Schüssel miteinander verrühren.

2 Die Masse auf ein Blech mit Backpapier geben und glattstreichen. Das Ganze für 15 Minuten im Ofen backen.

3 Den Boden aus dem Ofen nehmen, Crème fraîche darauf verteilen und mit dem restlichen Käse, Lauchzwiebeln und Speckwürfeln versehen. Für weitere 15 bis 20 Minuten backen, bis der Käse eine goldbraune Farbe angenommen hat und genießen!

FLAMMKUCHEN MIT ZWIEBEL UND APFEL

4 Port.

1 h 45 Min.

Mittel

Zutaten

350 g Mehl
Pfeffer
Salz
2 kleine Äpfel
10 g frische Hefe
200 g Crème fraîche
1 EL Zitronensaft
2 kleine rote Zwiebeln
Majoran-Blätter
1 Eigelb

Nährwerte pro Portion

510 kcal
72 g Kohlenhydrate
18 g Fett
12 g Eiweiß

1 Die Hefe in etwa 175 ml lauwarmem Wasser auflösen lassen und mit 1 TL Salz und Mehl zu einem glatten Teig kneten, bis dieser sich vom Rand der Schüssel löst.

2 Den Ofen auf 220 °C Umluft vorheizten und zwei Bleche mit Backpapier ausstatten.

3 Den Teig auf einer Arbeitsfläche mit Mehl kneten, in 4 Portionen aufteilen und jeweils zu einem Boden ausrollen. Je 2 Portionen auf ein Blech geben.

4 Das Eigelb mit der Crème fraîche vermengen und etwas Pfeffer und Salz hinzugeben. Die Masse auf den Teig streichen und einen dünnen Rand übriglassen. Dann die Äpfel säubern und schneiden und mit dem Saft der Zitrone vermischen.

5 Die Zwiebeln fein hacken und zusammen mit den Äpfeln auf dem Flammkuchen verteilen. Das Ganze für etwa 10 bis 15 Minuten backen.

6 Die fertigen Flammkuchen mit Majoran-Blättern garnieren und genießen.

FLAMMKUCHEN MIT PAPRIKA UND OLIVEN

4 Port.

2 h 15 Min.

Leicht

Zutaten

2 rote Paprikaschoten
200 g saure Sahne
500 g Weizenmehl
1 EL Zitronensaft
21 g Hefe
100 g Chorizo
1 Knoblauchzehe
2 rote Peperoni
1 TL Salz
100 g Serrano-Schinken
150 g schwarze Oliven
1 Zwiebel

Nährwerte pro Portion

718 kcal
82 g Kohlenhydrate
30 g Fett
29 g Eiweiß

1 Salz und Mehl in einer Schüssel vermischen und die Hefe in etwa 200 ml lauwarmem Wasser auflösen lassen. Jenes Hefewasser zum Mehl hinzugeben und zu einem ebenmäßigen Teig kneten. Das Ganze zu einer Kugel formen und bedeckt für ca. 1 Stunde an einem warmen Ort ruhen lassen.

2 Die Peperoni und die Paprikaschoten sowie den Knoblauch vorbereiten, zurechtschneiden und anschließend zur sauren Sahne hinzugeben. Das Ganze mit Pfeffer, Salz und Zitronensaft abschmecken und die Chorizo in Scheiben schneiden. Die Oliven abtropfen lassen.

3 Die Teigmasse in 4 Portionen teilen und auf einer Arbeitsfläche mit Mehl zu länglichen Fladen ausrollen. Mit der Sahne fein bestreichen und ein paar Zwiebeln darüber geben. Paprikastreifen, Peperoni, Chorizo und Oliven für den Belag verwenden und den Flammkuchen bei 220 °C Umluft im vorgeheizten Ofen für etwa 15 Minuten knusprig backen.

4 Währenddessen den Schinken zerzupfen und den fertig gebackenen Flammkuchen anschließend damit belegen.

LAKTOSEFREIER FLAMMKUCHEN

1 Blech

1 h 15 Min.

Leicht

Zutaten

350 g Mehl
1 EL frisch gehackter Thymian
Pfeffer
Salz
½ Würfel frische Hefe
250 g geräucherter Bauchspeck
200 g MinusL Schmand
3 Frühlingszwiebeln
3 kleine rote Zwiebeln

Nährwerte pro Blech

902 kcal
71 g Kohlenhydrate
61 g Fett
19 g Eiweiß

1 Die Hefe in etwa 175 ml lauwarmem Wasser auflösen, mit 1 TL Salz und dem Mehl zu einem glatten Teig kneten, bis dieser sich vom Schüsselrand ablöst. Das Ganze bedecken und für 30 Minuten an einem warmen Ort ziehen lassen.

2 Den Ofen auf 220 °C Umluft vorheizen und zwei Bleche mit Backpapier auslegen.

3 Die Teigmasse auf einer Arbeitsfläche mit Mehl gut kneten und in 4 Portionen aufgliedern. Die Portionen jeweils zu einem großen Boden ausrollen und je 2 Stück auf ein Blech geben.

4 Die Eigelbe mit dem Schmand vermengen und Pfeffer sowie Salz hinzugeben. Die Masse auf dem Teig verteilen und einen dünnen Rand überlassen.

5 Den Speck würfeln und die Frühlingszwiebeln und Zwiebeln säubern und fein hacken. Die Böden mit allen Zutaten versehen und alles für 10 bis 15 Minuten backen.

FLAMMKUCHEN MIT PUTE

4 Port. 1 h 45 Min. Leicht

Zutaten

100 g geräucherte Putenbrust
Pfeffer
Salz
150 g Schafskäse
10 g frische Hefe
1 EL Sonnenblumenöl
250 g Mehl
200 g Schmand
getrockneter Oregano

Nährwerte pro Portion

448 kcal
47 g Kohlenhydrate
20 g Fett
19 g Eiweiß

1 Die Hefe in etwa 100 ml lauwarmem Wasser auflösen und das Salz, Sonnenblumenöl und Mehl hinzugeben. Alles gut durchkneten, bis ein glatter Teig entsteht. Die Masse zu einer Kugel formen und für etwa 1 Stunde bedeckt und an einem warmen Ort ruhen lassen.

2 Den Ofen auf 220 °C Ober/-Unterhitze vorheizen und den Teig nochmals ordentlich durchkneten. Dann in 4 Portionen aufteilen und auf einer Arbeitsfläche mit Mehl fein ausrollen.

3 Den Teig mit dem Schmand bestreichen und einen dünnen Rand frei lassen. Die Putenbruststreifen, den gewürfelten Käse, Oregano und Pfeffer auf den Flammkuchen verteilen und diese für etwa 10 Minuten im Backofen knusprig backen.

HAWAII FLAMMKUCHEN

 1 Blech

 1 h 50 Min.

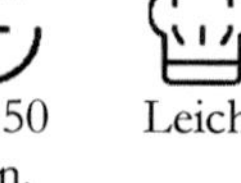 Leicht

Zutaten

350 Magerquark
1 Würfel frische Hefe
½ Ananas
600 g Mehl
2 Eigelbe
150 g Crème fraîche
200 g frisch geriebener Käse
300 g gekochter Schinken
Salz
Pfeffer

Nährwerte pro Blech

1077 kcal
133 g Kohlenhydrate
32 g Fett
60 g Eiweiß

1 Die Hefe in 320 ml lauwarmem Wasser auflösen lassen und das Salz mit dem Mehl vermengen. Das Ganze in eine Schüssel füllen, eine Mulde in die Mitte eindrücken und die Hefemilch dazu gießen.

2 Die Masse zu einem gleichmäßigen Teig kneten und für etwa 10 Minuten auf einer Arbeitsfläche mit Mehl kneten. Danach zurück in die Schüssel füllen und bedeckt für ca. 1 Stunde an einem warmen Ort ruhen lassen.

3 Den Ofen auf 220 °C Ober/-Unterhitze vorheizen und die Ananas schälen sowie stückeln. Nun die Schinkenscheiben schneiden und die Crème fraîche mit dem Quark, den Eigelben sowie Pfeffer und Salz vermischen.

4 Den Teig auf der Arbeitsfläche abermals durchkneten und in 4 Stücke aufteilen. Jedes Stück zu einem länglichen Boden verarbeiten.

5 Das Ganze auf ein Backblech mit Backpapier geben und mit der Quarkmischung bestreichen. Danach den Schinken und die Ananasstücke darauf geben, mit Pfeffer verfeinern, Käse darüber streuen und alles im vorgeheizten Ofen für etwa 20 Minuten backen, bis es goldbraun ist.

ROGGENFLAMMKUCHEN MIT SCHNITTLAUCHRÖLLCHEN

8 Stück

2 h

Mittel

Zutaten

2 Zwiebeln
1 Eigelb
1 TL Zucker
21 g frische Hefe
2 EL Pflanzenöl
300 g Schinkenspeck
2 EL Pflanzenöl
Pfeffer
Salz
250 g Sauerrahm
100 g Roggen-Vollkornmehl
400 g Weizenmehl
200 g Crème fraîche
300 g Schinkenspeck
1 Handvoll Schnittlauch

Nährwerte pro Portion

439 kcal
47 g Kohlenhydrate
20 g Fett
17 g Eiweiß

1 Die Hefe zerbröseln und in 5 EL lauwarmen Wasser mit dem Zucker auflösen lassen. Das Ganze für etwa 10 Minuten stehen lassen und dann Salz mit den beiden Mehlarten und Öl sowie Hefe unter Zugabe von etwa 250 ml lauwarmem Wasser zu einem glatten Teig verarbeiten, der sich vom Rand der Schüssel löst.

2 Alles bedecken und für eine Stunde ziehen lassen.

3 Den Ofen auf 200 °C Ober/-Unterhitze vorheizen und die Zwiebeln schälen sowie in feine Würfel hacken. Außerdem den Speck nach Belieben würfeln oder in Streifen schneiden.

4 Die Teigmasse auf einer Arbeitsfläche mit Mehl noch einmal ordentlich kneten und in 8 Portionen aufteilen sowie in längliche Böden formen. Nun auf zwei Bleche mit Backpapier geben und wieder für 10 Minuten bedeckt ziehen lassen.

5 Crème fraîche mit Sauerrahm sowie dem Eigelb vermengen und mit Pfeffer und Salz verfeinern. Die Teigböden nun damit bestreichen und Zwiebeln sowie Speck darauf verteilen.

6 Die Flammkuchen im vorgeheizten Ofen für etwa 25 Minuten backen und den Schnittlauch in feine Röllchen schneiden.

7 Die fertigen Flammkuchen aus dem Backofen entfernen und zusammen mit Schnittlauchröllchen bestreut genießen.

FLAMMBROT MIT ESSKASTANIEN, GANS UND WEISSKRAUT

1 Blech

2 h 30 Min.

Mittel

Zutaten

500 g geräucherte Gänsebrust
120 ml Birnensaft
1 EL Puderzucker
1 EL frisch gehackte Petersilie
½ TL zerstoßene Chiliflocken
2 TL Kräuter der Provence
250 g saure Sahne
120 g gegarte Maronen
1 TL frisch gehackter Dill
3 EL Olivenöl
150 g Schmand
3 EL Butter
3 rotschalige Birnen
500 g Weißkohl
½ Würfel Hefe
500 g Mehl

Nährwerte pro Blech

1418 kcal
135 kg Kohlenhydrate
81 g Fett
39 g Eiweiß

1 Die Hefe in 250 ml lauwarmem Wasser auflösen lassen und das Salz mit dem Mehl in einer Schüssel vermengen sowie eine Mulde in die Mitte der Masse drücken.

2 Das Öl und Hefewasser mit hineingeben und das Ganze zu einem gleichmäßigen Teig verkneten, der nicht klebt.

3 Den Teig auf einer bemehlten Fläche gut kneten und zurück in die Schüssel platzieren. Dann für eine Stunde bedeckt an einem warmen Ort gehen lassen.

4 Den Ofen auf 220 °C Ober/-Unterhitze vorheizen und währenddessen die Birnen schneiden und mit Zitronensaft vermischen. Den Weißkohl säubern und in feine Streifen schneiden. Die Teigmasse abermals durchkneten, in 4 Portionen aufteilen und zu Fladen ausrollen. Die Fladen auf ein Blech mit Backpapier geben.

5 Die Kräuter mit Schmand und saurer Sahne vermengen und Pfeffer und Salz hinzugeben. Die Mischung auf dem Teig verteilen und im vorgeheizten Backofen für 20 Minuten backen.

6 In der Zwischenzeit den Kohl in einem Topf mit Butter anschwitzen und schließlich mit dem Saft ablöschen und köcheln lassen. Die Kräuter dazu mischen und mit Kümmel, Salz und Pfeffer verfeinern.

7 Die Maroni in der Hälfte teilen und Zucker in einer Pfanne karamellisieren. Dann die Birnen hinzufügen, darin wenden und die Maroni dazugeben. Die übrige Butter hineinrühren und mit den Chiliflocken verfeinern.

8 Das Ganze vom Herd nehmen und das Gänsefleisch in feine Scheiben schneiden. Die Flammkuchen aus dem Ofen nehmen und mit Maroni, Kohl, Gänsebrust, Dill und Birnen belegen.

ELSÄSSER FLAMMKUCHEN MIT ZWIEBELN UND PIKANTER WURST

4 Port.

1 h 25 Min.

Mittel

Zutaten

16 grüne Chilischoten
200 g Crème fraîche
2 Zwiebeln
1 Eigelb
1 TL getrockneter Oregano
Salz
Pfeffer
200 g Magerquark
300 g Paprikawurst
400 g Mehl
1 TL Zucker
1 TL Salz
1 Pck. Trockenhefe

Nährwerte pro Portion

729 kcal
78 g Kohlenhydrate
30 g Fett
31 g Eiweiß

1 Salz, Zucker, Mehl und Hefe miteinander vermengen und mit 225 ml lauwarmem Wasser zu einem Teig verarbeiten, bis dieser sich vom Rand der Schüssel ablöst. Das Ganze zudecken und für 30 Minuten an einem warmen Ort ruhen lassen.

2 Den Ofen auf 240 °C Ober/-Unterhitze vorheizen und die Teigmasse auf einer Arbeitsfläche mit Mehl zu 4 feinen Fladen ausrollen und auf Backpapier platzieren.

3 Die Zwiebeln und die Wurst schälen und schneiden.

4 Crème fraîche und Quark sowie Eigelb und Oregano miteinander mischen und Pfeffer und Salz zum Würzen nutzen. Das Ganze auf dem Teig verteilen und einen Rand übriglassen.

5 Den Flammkuchen mit Peperoni, Wurst und Zwiebeln belegen und im vorgeheizten Backofen für etwa 10 bis 15 Minuten knusprig backen.

FLAMMKUCHEN MIT SAUERKRAUT

4 Port.

1 h 55 Min.

Mittel

Zutaten

Salz
Pfeffer
Kümmel
100 g Räucherschinken
350 g Mehl
½ Würfel Hefe
2 EL Olivenöl
2 Eigelb
100 g Champignons
250 g Schmand
250 g Sauerkraut

Nährwerte pro Portion

675 kcal
69 g Kohlenhydrate
34 g Fett
21 g Eiweiß

1 Die Hefe in eine Schüssel zerbröseln und mit 175 ml lauwarmem Wasser und Zucker glattrühren. Salz, Mehl und Olivenöl hinzufügen und das Ganze zu einer glatten Masse verkneten. Alles bedecken und für eine Stunde an einem warmen Ort ruhen lassen.

2 Das Sauerkraut abbrausen und ausreichend abtropfen lassen. Die Pilze säubern und schneiden sowie den Speck in Würfel schneiden. Beides unter das Kraut heben und mit Kümmel und Pfeffer verfeinern.

3 Die Eigelbe gemeinsam mit dem Schmand verrühren und etwas Salz und Pfeffer hinzugeben.

4 Den Ofen auf 220 °C Umluft vorheizen und aus der Teigmasse 4 Kügelchen kneten. Dann mithilfe von Mehl zu länglichen Fladen auskneten und jeweils auf ein Stück Backpapier geben.

5 Das Ganze mit der Creme bestreichen und dabei immer einen schmalen Rand übriglassen. Die Kraut-Mischung darüber geben und mit dem Backpapier vorsichtig auf die Bleche gleiten lassen.

6 Die Flammkuchen für 10 bis 15 Minuten im Ofen backen, bis sie knusprig sind.

PARMA-FLAMMKUCHEN MIT KÜRBIS

4 Port.

2 h 15 Min.

Mittel

Zutaten

350 g Hokkaido Kürbis
1 Handvoll Rucola
½ TL Salz
1 Zweig Rosmarin
180 ml Buttermilch
2 Zwiebeln
20 g Hefe
200 g saure Sahne
300 g Dinkel-Vollkorn-mehl
1 EL Olivenöl
Pfeffer
100 g Parmaschinken

Nährwerte pro Portion

510 kcal
59 g Kohlenhydrate
20 g Fett
22 g Eiweiß

1 Die Buttermilch sanft erhitzen und die Hefe hineinrühren. Nun das Salz mit dem Mehl vermischen und die Flüssigkeit dazu gießen. Das Ganze zu einem geschmeidigen Teig kneten und bedeckt für eine Stunde an einem warmen Ort gehen lassen.

2 Das Fruchtfleisch des Kürbisses in feine Scheiben schneiden und den Rosmarin sowie die Zwiebeln hacken.

3 Die Teigmasse nun in 4 Stücke aufteilen und diese jeweils zu ovalen Böden ausrollen. Auf Backbleche mit Backpapier geben und Pfeffer und Salz mit der sauren Sahne vermengen.

4 Die saure Sahne auf die Fladen streichen und jeweils einen dünnen Rand übriglassen. Die Kürbisstücke und Zwiebeln darüber verteilen und mit Rosmarin versehen.

5 Die Kuchen bei 220 °C im vorgeheizten Backofen für ca. 15 Minuten knusprig backen.

6 In der Zwischenzeit den Rucola säubern und die dann fertigen Flammkuchen mit Schinken und Rucola belegen sowie mit Öl und Pfeffer verfeinern.

SPARGEL-FLAMMKUCHEN

4 Port.

1 h 20 Min.

Mittel

Zutaten

300 g Crème fraîche
250 g Mehl
4 EL Olivenöl
15 g Hefe
1 TL Salz
100 g Speck
125 ml lauwarmes Wasser
Pfeffer
8 Stangen grüner Spargel
8 Stangen weißer Spargel

Nährwerte pro Portion

667 kcal
53 g Kohlenhydrate
44 g Fett
14 g Eiweiß

1 Salz und Mehl in einer Schüssel miteinander vermengen und das Wasser langsam mit den Knethaken des Rührers unter das Mehl kneten.

2 Das Ganze auf eine Arbeitsfläche mit Mehl geben und mit den Händen so lange kneten, bis ein glatter Teig entsteht.

3 Wenn man mit Hefe arbeitet, siebt man das Mehl in eine Schüssel und drückt eine Mulde in die Mitte.

4 Anschließend die Hefe in lauwarmem Wasser auflösen lassen und in die besagte Mulde gießen. Nun wie oben beschrieben weiter vorgehen.

5 Den Teig in Frischhaltefolie wickeln und für ungefähr 1 Stunde an einem warmen Ort ziehen lassen oder den Teig für eine halbe Stunde mit Bedeckung in einer Schüssel ruhen lassen.

6 Währenddessen den Speck in feine Streifen schneiden und den Spargel säubern, schälen und in dünne, schräge Scheiben schneiden. Den Backofen auf 250 °C vorheizen und den Teig entweder in einem großen Boden oder in vier dünne Fladen ausrollen.

7 Den Teig würzen, Speck und Spargel darüber geben und mit Crème fraîche bestreichen. Das Ganze mit Olivenöl beträufeln und abermals mit Pfeffer und Salz verfeinern. Den Flammkuchen für 12 bis 15 Minuten im Ofen backen.

FLAMMKUCHEN MIT APFEL UND ROTKOHL

4 Port. | 1 h 35 Min. | Mittel

Zutaten

1 roter Apfel
½ Würfel frische Hefe
350 g Rotkohl
125 g Dinkel-Vollkornmehl
50 g Putenschinken
1 ½ TL Honig
Salz
2 EL Olivenöl
Pfeffer
1 EL Zitronensaft
3 Zweige Thymian
1 Zwiebel
120 g Schmand

Nährwerte pro Portion

301 kcal
35 g Kohlenhydrate
13 g Fett
10 g Eiweiß

1 ½ TL Honig und Hefe in ca. 50 ml lauwarmem Wasser vermengen. Die Mixtur zum Mehl hinzugeben und verkneten sowie bedeckt an einem warmen Ort für eine halbe Stunde ruhen lassen.

2 Eine Prise Salz und Öl unter den Teig kneten und wieder für ca. 45 Minuten stehen lassen.

3 Währenddessen den Rotkohl vorbereiten und in dünne Scheiben hacken. Den Apfel ebenfalls schneiden, den Schinken würfeln und alles mit Zitronensaft beträufeln.

4 Die Zwiebel fein hacken und den Honig mit dem Schmand vermengen sowie mit Pfeffer und Salz abschmecken. Anschließend den Thymian zupfen.

5 Den Teig dünn ausrollen, in 4 Teile schneiden und auf ein Blech mit Backpapier legen. Die jeweiligen Stücke mit dem Schmand bestreichen sowie mit Apfel, Rotkohl, Schinken und Zwiebel belegen und den Thymian hinzugeben.

6 Den leckeren Flammkuchen bei 200 °C für ungefähr 15 Minuten im vorgeheizten Ofen backen.

SCHARFER FLAMMKUCHEN

4 Port. | 1 h 25 Min. | Mittel

Zutaten

100 g Salami
½ Würfel frische Hefe
Salz
2 rote Zwiebeln
6 grüne Chilischoten
350 g Weizenmehl
Pfeffer
100 g Crème fraîche
3 Stiele Kräuter
2 EL Olivenöl
1 Eigelb

Nährwerte pro Portion

534 kcal
24 g Fett
63 g Kohlenhydrate
18 g Eiweiß

1 Die Hefe in 175 ml lauwarmem Wasser auflösen lassen und mit 1 TL Salz und Mehl in einer Schüssel zu einem glatten Teig verkneten, bis er sich vom Rand löst. Die Masse an einem warmen Ort für eine halbe Stunde bedeckt ruhen lassen.

2 Ein Blech mit Backpapier versehen und den Teig auf einer Arbeitsfläche mit Mehl kneten und zu einem großen Fladen ausrollen sowie auf das Blech geben.

3 Die Crème fraîche mit den zuvor gehackten Kräutern verrühren und mit dem Eigelb glattrühren. Anschließend etwas Pfeffer und Salz hinzufügen und auf den Fladen geben. Darauf achten, einen schmalen Rand freizulassen.

4 Die Chilischoten, die Salami und die gehackten Zwiebeln auf dem Flammkuchen verteilen und mit Öl und Pfeffer verfeinern.

5 Den Flammkuchen bei 220 °C im vorgeheizten Backofen für ca. 10 Minuten goldbraun backen.

HERBSTLICHE FLAMMKUCHEN

1 Port. 35 Min. Mittel

Zutaten

50 g gehobelte Haselnüsse
100 g Bacon
1 Flammkuchenteig
3 EL Ahornsirup
100 g Ziegenfrischkäse
150 g Crème fraîche
200 g Kürbisfleisch
1 Zwiebel
½ Birne
etwas Pfeffer

Nährwerte pro Portion

277 kcal
7 g Kohlenhydrate
26 g Fett
4 g Eiweiß

1 Die Kerne und Fasern aus dem Kürbis entnehmen, schälen und in relativ feine Scheiben schneiden.

2 Die Zwiebel schälen und ebenfalls fein hacken.

3 Zwiebel und Kürbis mit dem Ahornsirup vermengen und das Ganze etwas ruhen lassen.

4 Zwei Viertel der Birne in dünne Scheiben schneiden und den Flammkuchenteig auf einem Backblech mit Backpapier auslegen.

5 150 g Crème fraîche darauf verteilen und ungefähr die Hälfte der Nüsse darüber geben. Zwiebel, Birne und Kürbis hinzufügen und sanft andrücken, anschließend die restlichen Nüsse darüber verteilen.

6 Ziegenkäse und Bacon in gezupftem Zustand darüber geben und etwas Pfeffer zum Würzen verwenden.

7 Das Ganze im vorgeheizten Backofen bei 225 °C Ober/-Unterhitze für 20 Minuten backen, bis es knusprig ist.

FLAMMKUCHEN MIT FRÜHLINGSZWIEBELN

4 Port.

30-60 Min.

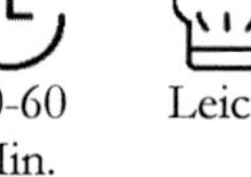

Leicht

Zutaten

4 EL Olivenöl
150 g Mehl
150 g Crème fraîche
4 Frühlingszwiebeln
1 Eigelb
½ TL Salz
150 g geräucherter Schinken
100 g Weizen-Vollkornmehl

Nährwerte pro Portion

506 kcal
44 g Kohlenhydrate
29 g Fett
16 g Eiweiß

1 Die angegebenen Mehlarten mischen und mit dem Eigelb, 125 ml Wasser, Salz und Öl zu einem ebenen Teig kneten. Den Teig anschließend mit Öl bestreichen und bedeckt (z. B. unter einer Schüssel) bei Zimmertemperatur für ungefähr eine halbe Stunde ruhen lassen.

2 Währenddessen den Schinken in dünne Streifen schneiden und die Frühlingszwiebeln säubern sowie in Ringe hacken. Die grünen und weißen Ringe getrennt beiseitestellen.

3 Den Ofen auf 220 °C vorheizen, den Teig in zwei Hälften teilen und jede Hälfte zu einem dünnen Fladen ausrollen. Die Crème fraîche darauf verteilen, die Schinkenstreifen und weißen Zwiebelringe belegen und für ungefähr 10 Minuten im Ofen auf dem mittleren Blech backen. Nun die grünen Zwiebelringe darüber geben und den Flammkuchen genießen!

FLAMMKUCHEN MIT BIRNE, WALNÜSSEN UND RADICCHIO

1 Blech | 40 Min. | Mittel

Zutaten

1 Prise Pfeffer
2 Pck.en Flammkuchenteig
ein halber kleiner Radicchio
200 g Crème fraîche
2 Birnen
1 Prise Fleur de sel
2 EL Honig
1,5 Stück Le Rustique
50 g Walnüsse

Nährwerte pro Blech

715 kcal
48 g Kohlenhydrate
51 g Fett
27 g Eiweiß

1 Den Ofen auf 220 °C vorheizen und den Teig ausrollen sowie Crème fraîche darauf geben. Mit Pfeffer und Salz würzen und anschließend den Radicchio säubern und schneiden. Danach den Radicchio auf dem Teig verteilen und die Birne waschen, vierteln und ebenfalls darauf geben. Nun den Käse in Scheiben schneiden und über den Birnen verteilen. Den Flammkuchen für ungefähr 12 Minuten knusprig backen.

2 Nun die Nüsse grob hacken und in einer Pfanne anbraten. Den fertigen Flammkuchen aus dem Ofen nehmen und die Nüsse darauf verteilen sowie den Honig darüber träufeln.

FLAMMKUCHEN MIT FEIGEN UND ZWIEBELN

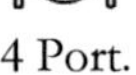

4 Port. | 1 h 30 Min. | Mittel

Zutaten

6 rote Zwiebeln
2 Eigelbe
6 Feigen
¼ Würfel Hefe
200 g Crème fraîche
Salz
Pfeffer
50 g Ziegengouda
4 EL Olivenöl
350 g Dinkel-Vollkornmehl
150 g Schinken
10 g Thymian

Nährwerte pro Portion

724 kcal
74 g Kohlenhydrate
35 g Fett
27 g Eiweiß

1 Die Hefe in 150 ml lauwarmem Wasser lösen lassen und mit 1 TL Salz, Mehl und 2 EL Öl zu einem gleichmäßigen Teig verkneten, bis er sich vom Schüsselrand ablöst. Die Schüssel abdecken und für eine halbe Stunde an einem warmen Ort ruhen lassen.

2 Währenddessen die Zwiebeln hacken und in einer Pfanne auf mittlerer Stufe anbraten. Anschließend von der Herdplatte nehmen und den Schinken in Streifen schneiden und unter die Zwiebeln mischen.

3 Auf einer Arbeitsfläche mit Mehl die Masse durchkneten und in 4 Portionen teilen. Diese jeweils zu länglichen Fladen ausrollen, je 2 Fladen auf ein Blech mit Backpapier geben und mit dem übrigen Öl versehen.

4 Den Thymian fein hacken und mit den Eigelben, Crème fraîche, Pfeffer und Salz vermischen. Die Masse auf den Teigböden verteilen und dabei immer einen dünnen Rand frei lassen. Dann den Käse darüber streuen und den Zwiebelmix hinzugeben.

5 Die Flammkuchen bei 240 °C Umluft im vorgeheizten Backofen für 10 bis 15 Minuten backen.

6 Währenddessen die Feigen säubern und vierteln und anschließend die fertigen Flammkuchen damit belegen und mit Pfeffer und Salz verfeinern.

Vegetarische Flammkuchen

FLAMMKUCHEN MIT KIRSCHTOMATEN, RUCOLA UND MOZZARELLA

4 Port. 25 Min. Leicht

Zutaten

Salz
Pfeffer
10 Zweige Thymian
2 EL Olivenöl
200 g Kirschtomaten
550 g frischer Blätterteig
400 g Mozzarella
200 g gelbe Cocktailtomaten
240 g Rucola

Nährwerte pro Portion

884 kcal
51 g Kohlenhydrate
60 g Fett
28 g Eiweiß

1 Den Ofen auf 180 °C Ober/-Unterhitze vorheizen und anschließend Thymian und Tomaten waschen und halbieren/zupfen.

2 Nun den Teig ausrollen, mithilfe einer Gabel in ca. 2 cm Abstand einstechen und mit Öl bestreichen. Dann mit Pfeffer und Salz würzen, Thymian und Tomaten darauf geben und auf ein mit Backpapier belegtes Blech für 10 bis 15 Minuten im Ofen backen.

3 Den leckeren Flammkuchen letztlich mit zerbröseltem Mozzarella und frischem Rucola servieren.

FLAMMKUCHEN MIT KÜRBISKERNEN UND BLUMENKOHL

2 Port.

2 h

Mittel

Zutaten

1 Schalotte
200 g Weizen-Vollkornmehl
2 EL Olivenöl
Salz
Pfeffer
1 EL Kürbiskerne
1 EL Tomatenmark
1 Zweig Thymian
200 g saure Sahne
200 g Blumenkohlröschen
4 EL Balsamessig
½ Bund Schnittlauch

Nährwerte pro Portion

677 kcal
71 g Kohlenhydrate
34 g Fett
20 g Eiweiß

1 Das Mehl mit 110 ml lauwarmem Wasser, 1 EL Olivenöl und 1 TL Salz vermengen und zu einem glatten Teig kneten. Die Masse in 2 Portionen aufteilen, zu Kügelchen kneten und für 15 Minuten kaltstellen.

2 Währenddessen die Schalotte würfeln, das restliche Öl in einem Topf erhitzen und die Schalotten auf mittlerer Stufe glasig anbraten. Dann den Thymian hinzugeben und Balsamico hinzugießen und kurz aufkochen lassen. Anschließend zur Seite stellen.

3 Tomatenmark und saure Sahne vermengen und mit Pfeffer und Salz abschmecken. Die Teigmasse auf einem Blatt Backpapier mit Mehl fein ausrollen und jeden Boden mit saurer Sahne versehen.

4 Die Kürbiskerne und Blumenkohlröschen auf den Kuchen verstreuen und alles bei 250 °C im vorgeheizten Ofen für 10 bis 15 Minuten backen.

5 In der Zwischenzeit den Schnittlauch säubern und hacken und anschließend auf den fertigen Flammkuchen streuen und mit Balsamico verfeinern.

FLAMMKUCHEN AUF BADISCHE ART

1 Blech | 1 h 30 Min. | Mittel

Zutaten

75 g geriebener Käse
2 EL Sonnenblumenöl
½ Würfel Hefe
250 g Mehl
Pfeffer
Salz
125 ml lauwarme Milch
2 EL Butter
500 g Zwiebeln

Nährwerte pro Blech

2130 kcal
221 g Kohlenhydrate
113 g Fett
54 g Eiweiß

1 Die Hefe in der Milch gemeinsam mit dem Zucker auflösen lassen und dann mit Salz, Öl und Mehl zu einem glatten Teig kneten. Bedeckt für 30 Minuten an einem warmen Ort ruhen lassen.

2 Die Zwiebeln schälen sowie fein hacken und für etwa 5 Minuten in Butter anbraten, schließlich mit Pfeffer und Salz verfeinern und das Ganze abkühlen lassen.

3 Den Backofen auf 200 °C Umluft vorheizen und ein Backblech mit Öl versehen.

4 Die Teigmasse noch einmal ordentlich durchkneten und auf dem Blech fein ausrollen. Die Zwiebeln nun darauf verstreuen und den Käse darauf geben.

5 Den Flammkuchen nun für etwa 20 Minuten im vorgeheizten Ofen knusprig backen und genießen.

GEMÜSE-FLAMMKUCHEN

 4 Port.

 3 h

 Leicht

Zutaten

400 g Zucchini
200 g Roggenmehl
250 g saure Sahne
½ Würfel frische Hefe
Salz
150 g Crème fraîche
1 Eigelb
200 g Dinkel-Vollkornmehl
Pfeffer
1 Handvoll Rucola
4 EL geriebener Hartkäse
200 g Cocktailtomaten

Nährwerte pro Portion

653 kcal
76 g Kohlenhydrate
29 g Fett
21 g Eiweiß

1 Die Hefe in ungefähr 200 ml lauwarmem Wasser auflösen lassen und mit 1 TL Salz und beiden Mehltypen zu einer glatten Masse verkneten, bis diese sich vom Schüsselrand löst.

2 Auf einer Arbeitsfläche mit Mehl für ungefähr 10 Minuten gut durchkneten und anschließend für ca. 1 Stunde abgedeckt ruhen lassen.

3 Währenddessen die Tomaten und Zucchini waschen und schneiden sowie die Crème fraîche, die saure Sahne, den geriebenen Käse, Pfeffer, Salz und Eigelb miteinander vermengen.

4 Den Hefeteig auf der Arbeitsfläche mit Mehl kneten, in 4 Teile aufgliedern und zu dünnen Fladen rollen. Die Böden jeweils auf zwei Seiten Backpapier aufteilen und leicht mit dem Käse-Schmand bestreichen.

5 Die Tomaten und Zucchinischeiben darauf verteilen und mit dem restlichen Käse bestreuen.

6 Die Flammkuchen bei 200 °C im vorgeheizten Ofen für ca. 15 Minuten goldbraun backen.

7 Anschließend nach Belieben mit dem gewaschenen Rucola garnieren und genießen.

BROKKOLI-BROTFLADEN

4 Port.

2 h

Leicht

Zutaten

Salz
Pfeffer
1 Eigelb
1 EL Schnittlauch-röllchen
½ Würfel frische Hefe
3 EL Olivenöl
150 g Räuchertofu
150 g Roggenmehl
200 g Weizenmehl
2 rote Chilischoten
1 EL geriebener Parmesan
2 kleine weiße Zwiebeln
250 ml saure Sahne
1 Brokkoli

Nährwerte pro Portion

611 kcal
73 g Kohlenhydrate
25 g Fett
22 g Eiweiß

1 Die Hefe mit 150 ml lauwarmem Wasser verrühren und die beiden Mehle mit Salz in einer Schüssel vermengen. In die Mitte eine Kuhle drücken und Öl mit der Hefe zu einem gleichmäßigen Teig verarbeiten.

2 Auf einer Arbeitsfläche mit Mehl den Teig für etwa 10 Minuten ordentlich durchkneten und bedeckt für etwa 1 Stunde ruhen lassen.

3 Den Ofen auf 220 °C Ober/-Unterhitze vorheizen und den Brokkoli säubern, aufteilen und in kochendem Salzwasser für etwa 2 Minuten kochen, dann abschrecken und abtropfen sowie abkühlen lassen. Die Chilis in Ringe hacken und den Tofu würfeln sowie die Zwiebeln und den Brokkoli klein schneiden.

4 Das Eigelb mit Schnittlauch, Parmesan und Sauerrahm vermengen und mit Pfeffer und Salz verfeinern.

5 Die Teigmasse auf einer Arbeitsfläche mit Mehl zu feinen Rechtecken rollen und auf Blech/e mit Backpapier geben. Die Creme darauf verteilen und mit Zwiebel, Chili, Brokkoli sowie Tofu belegen. Das Ganze für 15 bis 20 Minuten im vorgeheizten Backofen backen.

FLAMMKUCHEN MIT DREI KÄSESORTEN UND BIRNE

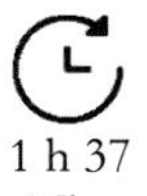

4 Port. | 1 h 37 Min. | Leicht

Zutaten

7 g Trockenhefe
400 g Mehl
60 g geriebener Bergkäse
200 g Crème fraîche
2 Birnen
Salz
Pfeffer
1 Eigelb
100 g Mozzarella
1 Messerspitze Zucker
2 EL Schnittlauchröllchen
100 g Weinkäse

Nährwerte pro Portion

755 kcal
89 g Kohlenhydrate
32 g Fett
27 g Eiweiß

1 Die Trockenhefe, Salz, Mehl und Zucker vermischen und mit etwa 250 ml lauwarmem Wasser zu einem glatten Teig verarbeiten. Alles bedecken und für ca. 45 Minuten an einem warmen Ort gehen lassen, bis das doppelte Volumen entstanden ist.

2 Den Ofen auf 250 °C Ober/-Unterhitze vorheizen und den Teig nochmals ordentlich durchkneten sowie in 4 Stücke aufteilen.

3 Die Portionen auf einer Arbeitsfläche mit Mehl ausrollen und auf Backpapier platzieren.

4 Die Birnen schälen und schneiden sowie das Eigelb, Käse, Salz, Pfeffer und Crème fraîche miteinander verrühren. Die Masse auf den Teig streichen und den abgetropften Mozzarella schneiden und zusammen mit den Birnen auf den Flammkuchen verteilen.

5 Den Weinkäse ebenfalls in dünne Scheiben schneiden und hinzufügen.

6 Die Flammkuchen für ca. 12 Minuten im Ofen backen, bis sie goldbraun sind, und anschließend mit Schnittlauch garnieren.

FLAMMKUCHEN MIT HOKKAIDO UND FETA

4 Port. 35 Min. Mittel

Zutaten

Salz
200 g Feta
Pfeffer
800 g frischer Pizzateig
600 g Hokkaido-Kürbis
8 Zweige Rosmarin
150 g Schmand
2 EL Olivenöl

Nährwerte pro Portion

896 kcal
112 g Kohlenhydrate
36 g Fett
25 g Eiweiß

1 Den Ofen auf 280 °C Ober/-Unterhitze vorheizen und den Kürbis vom holzigen Ende und den Kernen befreien sowie würfeln (mit Schale). Nun in einer Pfanne für ungefähr 5 bis 8 Minuten auf mittlerer Stufe anbraten.

2 Nun den Teig dünn ausrollen, den Schmand darauf verteilen und mit Pfeffer und Salz verfeinern. Zerbröselten Feta, Hokkaido und gezupften Rosmarin darüber geben. Das Ganze auf einem Blech für 10 bis 15 Minuten knusprig backen und genießen.

FLAMMKUCHEN MIT BIRNE UND KÜRBIS

4 Port.

1 h 25 Min.

Mittel

Zutaten

1 Pck. Trockenhefe
400 g Mehl
2 rote Zwiebeln
1 TL Salz
2 Birnen
200 g Magerquark
300 g Hokkaido-Kürbis-Fruchtfleisch
200 Crème fraîche
1 TL Zucker
Pfeffer
Salz
2 EL Thymianblätter
30 g Kürbiskerne

Nährwerte pro Portion

671 kcal
97 g Kohlenhydrate
21 g Fett
24 g Eiweiß

1 Das Mehl mit Salz, Zucker und Hefe vermengen und mit etwa 200 ml lauwarmem Wasser zu einem stabilen Teig verkneten, bis dieser sich vom Rand der Schüssel ablöst. Das Ganze für etwa 30 Minuten abgedeckt an einem warmen Ort ruhen lassen.

2 Den Ofen auf 240 °C Ober/-Unterhitze vorheizen und den Kürbis in feine Scheiben schneiden. Anschließend Birnen und Zwiebeln vorbereiten und ebenfalls klein schneiden.

3 Dann die Teigmasse auf einer Arbeitsfläche mit Mehl zu insgesamt 4 feinen Fladen ausrollen und auf Backpapier platzieren. Die Crème fraîche und den Quark mit dem Eigelb vermengen und mit Pfeffer und Salz abschmecken.

4 Die Mischung auf den Teig streichen und immer einen dünnen Rand überlassen. Nun mit Kürbis, Birne und Zwiebeln belegen.

5 Dann die Kürbiskerne hacken und schließlich über den Kuchen streuen und diesen für 10 bis 15 Minuten im vorgeheizten Ofen backen.

6 Die fertigen Flammkuchen mit Kräutern garnieren und genießen!

FLAMMKUCHEN MIT PREISELBEEREN UND CAMEMBERT

2 Port. 30 Min. Leicht

Zutaten

1 Flammkuchenteig
Salz
Pfeffer
100 g Crème fraîche
4 EL Preiselbeer-Kompott
4 Lauchzwiebeln
150 g Camembert

Nährwerte pro Portion

194 kcal
13 g Kohlenhydrate
13 g Fett
5 g Eiweiß

1 Den Teig auf einem mit Backpapier belegten Blech ausrollen und mit Crème fraîche bestreichen.

2 Lauchzwiebeln und Camembert schneiden und über den Teig geben.

3 Etwas Preiselbeer-Kompott dazwischen füllen und mit ein wenig Salz und Pfeffer verfeinern.

4 Den Flammkuchen für ungefähr 15 bis 20 Minuten bei 225 °C im vorgeheizten Ofen backen.

FLAMMKUCHEN MIT PFLAUMEN UND ROTE BETE

4 Port.

1 h 40 Min.

Mittel

Zutaten

50 g Margarine
1 Pck. Trockenhefe
410 g Dinkelmehl
2 Zweige Thymian
Salz
2 Rote Bete
1 TL Honig
4 EL Rapskern-Öl
2 Frühlingszwiebeln
100 g Halloumi
50 g Walnusskerne
4 rote Pflaumen

Nährwerte pro Portion

859 kcal
81 g Kohlenhydrate
47 g Fett
28 g Eiweiß

1 250 ml lauwarmes Wasser, 400 g Mehl, Margarine, Honig und Hefe zu einem monotonen Teig kneten und abgedeckt an einem warmen Ort für ungefähr eine Stunde gehen lassen, bis die Masse etwa doppelt so groß ist.

2 Die Arbeitsfläche mit Mehl versehen und den Teig zu 4 Fladen ausrollen sowie zwei Bleche mit Backpapier versehen und den Teig darauf platzieren.

3 Den Thymian zupfen und unter den Ziegenfrischkäse mengen. Die Masse mit Pfeffer und Salz abschmecken und glattrühren.

4 Frühlingszwiebeln und Rote Bete schneiden und die Pflaumen vom Kern entfernen sowie in Spalten schneiden.

5 Den Käse zerbröseln und die Walnüsse grob hacken.

6 Den Frischkäse auf den Teig geben und die Zwiebeln, Rote Bete, Pflaumen und Käse darauf verteilen.

7 Das Ganze im vorgeheizten Backofen bei 220 °C Umluft für ungefähr 15 bis 20 Minuten goldbraun backen.

8 Mit Thymian und Pfeffer verfeinern und genießen.

EINFACHER FLAMMKUCHEN MIT ROSENKOHL

2 Blech 35 Min. Leicht

Zutaten

Pfeffer
Salz
200 g Schmand
200 g Rosenkohl
1 Knoblauchzehe
1 Flammkuchenteig
1 Halber Granatapfel
50 g Parmesan
1 Schalotte

Nährwerte 2 Bleche

5132 kcal
42 g Kohlenhydrate
34 g Fett
12 g Eiweiß

1 Den Teig auf einem mit Backpapier belegten Blech ausrollen und den Schmand glattrühren. Den Knoblauch fein hacken, unter den Schmand rühren und mit Pfeffer und Salz verfeinern.

2 Den Rosenkohl vorbereiten und in einzelne Röschen aufteilen, die Schalotte schälen sowie in Streifen schneiden.

3 Den Teig nun mit der Creme bestreichen und Schalotte sowie Rosenkohl darauf verteilen. Das Ganze in den vorgeheizten Ofen geben und bei 220 °C für ca. 15 Minuten backen.

4 Den Käse hobeln und über dem gebackenen Flammkuchen verstreuen. Anschließend die Granatapfelkerne aus der Schale entfernen und über dem leckeren Flammkuchen verteilen.

VEGETARISCHE FLAMMKUCHEN MIT TOFU

4 Port.

1 h 30 Min.

Mittel

Zutaten

150 g Räuchertofu
200 g Seidentofu
10 g frische Hefe
2 EL frisch gehackter Thymian
3 EL Reisdrink
Salz
Pfeffer
350 g Mehl
2 Lauchstangen

Nährwerte pro Portion

420 kcal
72 g Kohlenhydrate
5 g Fett
21 g Eiweiß

1 Hefe in etwa 150 ml lauwarmem Wasser auflösen lassen und mit 1 TL Salz sowie Mehl zu einem glatten Teig verarbeiten, bis dieser sich vom Rand der Schüssel löst. Dann alles bedecken und für 30 Minuten an einem warmen Ort ruhen lassen.

2 Den Ofen auf 240 °C Umluft vorheizen und Backpapier auf zwei Blechen platzieren.

3 Den Teig auf einer Fläche mit Mehl kneten und in 4 Portionen aufteilen. Jeweils zu einem länglichen Boden ausrollen und je 2 Stück auf ein Blech geben.

4 Thymian, Reismilch und Seidentofu miteinander verrühren und mit Pfeffer und Salz verfeinern. Diese Masse auf dem Teig verteilen und einen dünnen Rand übriglassen.

5 Nun den Lauch säubern und in feine Ringe schneiden. Anschließend den Räuchertofu würfeln und zusammen mit dem Lauch auf den Böden verteilen. Alles im Backofen für etwa 10 bis 15 Minuten backen.

FLAMMKUCHEN MIT WALNÜSSEN UND KRAUT

4 Port.

35 Min.

Mittel

Zutaten

250 g Weizenmehl
120 g Frischkäse
200 g Sauerkraut
45 g Walnusskerne
1 TL Backpulver
200 g Magerquark
5 EL Rapsöl
200 g Weißkohl

Nährwerte pro Portion

598 kcal
56 g Kohlenhydrate
29 g Fett
24 g Eiweiß

1 Walnüsse grob hacken und den Weißkohl säubern sowie in feine Streifen hobeln.

2 Das Sauerkraut in einem Sieb abtropfen lassen und ebenfalls klein hacken. Das Ganze in einer Schüssel mit den Weißkohlstreifen und dem Öl sowie mit Pfeffer und Salz vermischen.

3 Öl, Backpulver, Quark, Mehl sowie Salz in eine andere Schüssel füllen und mit 3 EL Wasser zu einem gleichmäßigen Teig kneten.

4 Die Teigmasse in 2 Portionen aufteilen und eine Portion auf dem Backpapier auf der Arbeitsfläche dünn ausrollen sowie auf ein Backblech schieben.

5 Die Hälfte des Frischkäses auf dem Teig verteilen und ebenfalls die Hälfte der Sauerkraut-Weißkohl-Mixtur sowie die Walnusskerne darüber verteilen.

6 Bei 200 °C im vorgeheizten Ofen für 10 Minuten backen und anschließend dasselbe mit dem 2. Flammkuchen machen.

FLAMMKUCHEN MIT ZIEGENKÄSE UND WEISSEM SPARGEL

4 Port.

35 Min.

Leicht

Zutaten

½ Bund Rucola
Salz
Pfeffer
2 EL Olivenöl
225 g Mehl
200 g Ziegenkäserolle
100 g Kirschtomaten
1 Eigelb
100 ml lauwarmes Wasser
200 g Crème fraîche
400 g weißer Spargel

Nährwerte pro Portion

606 kcal
45 g Kohlenhydrate
39 g Fett
17 g Eiweiß

1 Öl, Mehl, Wasser und etwas Salz vermengen und zu einem glatten Teig verkneten. Das Ganze in Frischhaltefolie wickeln und bei Raumtemperatur für eine halbe Stunde ziehen lassen.

2 Den Spargel schneiden, schälen und in Stücke schneiden sowie für 10 Minuten in Salzwasser mit etwas Zitronensaft kochen sowie abgießen.

3 Den Backofen auf 230 °C vorheizen und ein Blech mit Backpapier ausstatten.

4 Crème fraîche mit etwas Salz verrühren und den Ziegenkäse, die Tomaten und den Rucola nach Belieben schneiden.

5 Den Teig in zwei Portionen teilen und auf einer Arbeitsfläche mit Mehl dünn ausrollen.

6 Eine Hälfte mit der Crème fraîche bestreichen und mit dem Käse und den Spargelstücken belegen. Alles für ca. 12 Minuten backen, bis im Teig Blasen entstehen und dieser knusprig wird.

7 Den fertigen Flammkuchen mit dem Rucola und den Tomaten belegen und mit Pfeffer und Salz verfeinern. Mit der zweiten Hälfte genauso verfahren.

Vegane Flammkuchen

SÜSSER FLAMMKUCHEN

8 Port.

2 h

Leicht

Zutaten

150 g Creme Vega
440 g Mehl
1 TL Salz
200 ml Wasser
2 Birnen
1,5 EL Ahornsirup
6 EL Öl
2 Handvoll Walnüsse
2-3 Feigen

Nährwerte pro Portion

734 kcal
90 g Kohlenhydrate
34 g Fett
14 g Eiweiß

1 Mehl, Öl, Salz und Wasser vermengen und zu einer Kugel formen.

2 Die Kugel mit etwas Öl bestreichen und in Folie wickeln sowie für 30 Minuten gehen lassen.

3 Walnüsse hacken sowie Feigen und Birnen schneiden.

4 Den Ofen auf 200 °C vorheizen und diesen auf einer Arbeitsfläche mit Mehl dünn ausrollen und in 2 Fladen teilen.

5 Die Portionen jeweils auf ein Blech mit Backpapier geben und mit Creme Vega und einem halben Esslöffel Ahornsirup verteilen.

6 Die Nüsse und das Obst auf dem Flammkuchen verteilen und mit einem zusätzlichen Esslöffel Ahornsirup verfeinern.

7 Die Flammkuchen für 10 bis 12 Minuten bei 200 °C bis 220 °C backen.

FLAMMKUCHEN MIT VEGANEM SPECK

2 Port.

30 Min.

Leicht

Zutaten

½ rote Zwiebel
64 ml Wasser
1,5 g Zucker
60 g veganer Seitan-Speck
7 g Petersilie
Muskat
Salz
Olivenöl
7 g Trockenhefe
25 g Sojajoghurt
105 g Weizenmehl
50 g Creme Vega
Pfeffer

Nährwerte pro Portion

273 kcal
39 g Kohlenhydrate
9 g Fett
8 g Eiweiß

1 Hefe, Zucker, Mehl und Salz vermischen und Wasser sowie Olivenöl dazugeben. Alles für etwa 10 Minuten zu einem Teig verarbeiten und in einer bedeckten Schüssel an einem warmen Ort ruhen lassen.

2 Den Ofen auf 260 °C Ober/-Unterhitze vorheizen.

3 Sojajoghurt und Creme Vega vermischen und mit Muskat und Salz verfeinern.

4 Den Seitan-Speck würfeln und die Zwiebel schälen sowie schneiden.

5 Den Teig leicht mit Öl bestreichen und dünn auf einer Arbeitsfläche ausrollen.

6 Die cremige Masse und Seitan- sowie Zwiebelstücke auf den Teig geben und alles für etwa 5 bis 7 Minuten backen.

7 Den fertigen Flammkuchen mit Petersilie und Salz garnieren.

Tipp: Sie können zwischen Weizen- und Dinkelmehl frei entscheiden.

ELSÄSSER FLAMMKUCHEN

2 Port.

1 h 40 Min.

Mittel

Zutaten

250 g Mehl
10 g frische Hefe
2 TL frische Petersilie
300 g Seidentofu
125 ml lauwarmes Wasser
Pfeffer
Salz
100 g Räuchertofu
1 Zwiebel
1 Prise brauner Rohrzucker
Paprikapulver

Nährwerte pro Portion

601 kcal
93 g Kohlenhydrate
10 g Fett
30 g Eiweiß

1 Lauwarmes Wasser mit einer Prise Zucker und Hefe verrühren und für 5 Minuten stehen lassen.

2 Aus einer Prise Salz, Hefe-Wasser und Mehl einen Teig kneten und eine Stunde bedeckt und an einem warmen Ort ruhen lassen.

3 Seidentofu zu einer Masse verrühren und mit Salz, Pfeffer sowie Paprikapulver abschmecken.

4 Räuchertofu und Zwiebel schneiden, den Teig nach einer Stunde nochmals kneten und auf einer Arbeitsfläche mit Mehl dünn ausrollen.

5 Den Flammkuchen mit der Creme bestreichen und Tofu-Würfel und Zwiebelstücke darauf verteilen.

6 Alles bei 200 °C Umluft für etwa 20 Minuten im vorgeheizten Ofen backen.

Tipp: Für eine frische Komponente etwas Kresse oder Petersilie hinzufügen.

FLAMMKUCHEN MIT PAPRIKASAUCE

2 Port.

60-90 Min.

Mittel

Zutaten

½ Zucchino
1 EL Olivenöl
1 Knoblauchzehe
3 TL Olivenöl
½ TL Zucker
$^{1}/_{3}$ Würfel frische Hefe
Salz
240 g Weizenmehl
1 EL Kapern
1-2 TL Agavendicksaft
500 g rote Paprikaschoten
1-2 TL Apfelessig
50 g Rucola
1 rote Zwiebel

Nährwerte pro Portion

740 kcal
107 g Kohlenhydrate
24 g Fett
17 g Eiweiß

1 Mehl, Zucker, Salz und zerbröselte Hefe miteinander vermengen und 130 ml lauwarmes Wasser sowie 1 EL Olivenöl hinzugeben. Das Ganze für 4 bis 5 Minuten zu einem glatten Teig verarbeiten und abgedeckt für 30 bis 35 Minuten ruhen lassen, damit sich das Volumen vergrößern kann.

2 Zwiebel schälen, Zucchino und Paprika waschen und Rucola verlesen sowie trockenschleudern. Alles würfeln und klein schneiden sowie den Knoblauch hacken.

3 Öl in einem Topf erhitzen und Paprika sowie Knoblauch für 4 bis 5 Minuten darin anschwitzen. 4 EL Wasser, Agavendicksaft und Apfelessig hinzugeben und alles mit Pfeffer und Salz pürieren.

4 Den Ofen auf 220 °C vorheizen und auf einer Arbeitsfläche mit Mehl den Teig dünn ausrollen. Die Paprikasauce darauf verstreichen und den Flammkuchen für 5 Minuten vorbacken.

5 Den Teig mit Kapern, Zucchini, Paprika und Zwiebel belegen und für weitere 15 bis 17 Minuten backen, bis eine goldbraune Farbe gegeben ist. Den fertigen Flammkuchen mit Rucola verfeinern und mit Pfeffer nachwürzen.

FLAMMKUCHEN MIT RÄUCHERTOFU

4 Port. | 1 h | Leicht

Zutaten

60 ml Olivenöl
500 g Mehl
getrockneter Oregano
1 Pck. veganer Kräuter-Frischkäse
2 Zwiebeln
Salz
Pfeffer
240 ml Wasser
1 Pck. Räuchertofu

Nährwerte pro Portion

763 kcal
93 g Kohlenhydrate
32 g Fett
23 g Eiweiß

1 Olivenöl, Mehl, Wasser und ½ TL Salz vermengen und zu einem glatten Teig verarbeiten. Die Masse in Frischhaltefolie wickeln und für etwa 30 Minuten im Kühlschrank stehen lassen.

2 Den Frischkäse glattrühren und mit Pfeffer und Salz abschmecken.

3 Räuchertofu abtropfen lassen und in kleine Würfel schneiden sowie die Zwiebeln schälen und in feine Ringe schneiden.

4 Den Teig fein ausrollen und einen Rand frei lassen. Das Ganze mit der cremigen Masse bestreichen und mit Tofu und Zwiebeln belegen.

5 Anschließend mit Oregano bestreuen und backen, bis der Flammkuchen knusprig braun ist.

FLAMMKUCHEN MIT GEMÜSEAUFSTRICH UND PINIENKERNEN

2 Port.

1 h 45 Min.

Mittel

Zutaten

200 g Dinkelmehl
Pfeffer
Salz
50 g Pinienkerne
200 ml Wasser
7 g Trockenhefe
250 g bunte Tomaten
Kokosblütenzucker
1 Handvoll Basilikum
6 TL Gemüse-Aufstrich

Nährwerte pro Portion

539 kcal
78 g Kohlenhydrate
13 g Fett
23 g Eiweiß

1 Salz, Hefe, Mehl und einen halben Teelöffel Kokosblütenzucker vermengen und 200 ml lauwarmes Wasser hinzugießen sowie zu einem Teig verarbeiten. Bedeckt für 60 Minuten an einem warmen Ort ruhen lassen.

2 Den Ofen auf 210 °C Umluft vorheizen und die Tomaten säubern und schneiden.

3 Den Teig auf einer Arbeitsfläche mit Mehl dünn und länglich ausrollen und auf Backpapier geben.

4 Das Ganze mit einem Gemüseaufstrich bestreichen und die Tomaten darauf verteilen. Mit Pfeffer und Salz verfeinern.

5 Den Flammkuchen für 10 bis 15 Minuten backen und die Pinienkerne in einer Pfanne anrösten sowie das Basilikum waschen und zupfen.

6 Den fertigen Flammkuchen mit Basilikum und Pinienkernen perfektionieren.

FLAMMKUCHEN MIT PILZEN UND KARTOFFELN

2 Port.

1 h 10 Min.

Leicht

Zutaten

2 gekochte Kartoffeln
1 TL Agavendicksaft
300 g Mehl
6 Champignons
150 ml lauwarmes Wasser
2 EL Olivenöl
1 TL Thymian
Salz
Pfeffer
250 ml Sojajoghurt
30 g frische Hefe
3 Frühlingszwiebeln
1 TL gemahlener Fenchel

Nährwerte pro Portion

769 kcal
126 g Kohlenhydrate
17 g Fett
22 g Eiweiß

1 Agavendicksaft mit Hefe im Wasser auflösen und Olivenöl, Mehl sowie Salz hinzugeben. Alles zu einem gleichmäßigen Teig verarbeiten und bedeckt für 30 Minuten an einem warmen Ort ruhen lassen.

2 Den Ofen auf 180 °C vorheizen und ein Blech mit Backpapier ausstatten.

3 Den Sojajoghurt mit Pfeffer, Thymian, Salz und Fenchel verfeinern.

4 Kartoffeln, Frühlingszwiebeln und Champignons putzen und schälen sowie klein schneiden.

5 Den Teig kneten, fein ausrollen und auf das Blech geben. Mit 2/3 des Joghurts bestreichen und Kartoffeln, Pilze sowie Frühlingszwiebeln darauf verteilen. Mit dem übrigen Joghurt toppen und alles für 15 bis 20 Minuten backen.

FLAMMKUCHEN MIT FENCHEL UND KÜRBIS

4 Port.

40 Min.

Leicht

Zutaten

175 ml Wasser
½ Kürbis
300 g Mehl
Pfeffer
Salz
2 EL Olivenöl
½ Fenchel
veganer Sauerrahm
rotes Pesto

Nährwerte pro Portion

750 kcal
122 g Kohlenhydrate
19 g Fett
19 g Eiweiß

1 Olivenöl, Salz, Wasser und Mehl in einer Schüssel vermengen und kneten, bis ein glatter Teig entsteht. Diesen während den Vorbereitungen ziehen lassen.

2 Fenchel und Kürbis in Scheiben schneiden und auf einem Backblech für 15 Minuten im Ofen backen.

3 Den Teig auf etwas Mehl ausrollen und mit dem veganen Sauerrahm bestreichen.

4 Den Flammkuchen mit dem garen Gemüse belegen und rotes Pesto hinzufügen. Alles für weitere 15 Minuten backen und schmecken lassen.

FLAMMKUCHEN MIT PFIFFERLINGEN

4 Port.

45 Min.

Leicht

Zutaten

2 EL Olivenöl
2 TL Salz
400 g Dinkelmehl
220 ml Wasser
Muskatnuss
Pfeffer
Salz
frische Petersilie
200 g frische Pfifferlinge
2 Knoblauchzehen
200 g Sojajoghurt
50 g Lauch

Nährwerte pro Portion

432 kcal
71 g Kohlenhydrate
9 g Fett
13 g Eiweiß

1 Olivenöl, Salz, Wasser und Mehl zu einem glatten Teig kneten und bedeckt für etwa 30 Minuten gehen lassen.

2 Den Ofen auf 250 °C Ober/-Unterhitze vorheizen und die Pilze säubern und halbieren.

3 Den Lauch abbrausen und klein schneiden sowie den Sojajoghurt mit Salz, Knoblauch, Muskatnuss und Pfeffer verfeinern und abschmecken.

4 Die Teigmasse in der Hälfte teilen und auf einem Blech ausrollen. Den Joghurt auf dem Teig verteilen und den Belag verteilen.

5 Den Flammkuchen für etwa 7 bis 8 Minuten auf der untertesten Ebene backen und anschließend mit Petersilie garnieren.

FLAMMKUCHEN AUF MEDITERRANE ART MIT FALAFEL

2 Port.

35 Min.

Leicht

Zutaten

½ Zucchini
100 g Kichererbsen aus der Dose
2 Pck. en vegane Falafel
1 kleines Glas getrocknete Tomaten in Öl
10 Kirschtomaten
2 Lauchzwiebeln
Pfeffer
Salz
4 vegane Flammkuchenböden
200 g Hummus
100 g veganer Käse

Nährwerte pro Flammkuchen

940 kcal
60 g Kohlenhydrate
56 g Fett
40 g Eiweiß

1 Den Backofen auf 180 °C vorheizen und die Zucchini sowie die getrockneten Tomaten klein schneiden.

2 Die Falafel und Kirschtomaten in der Hälfte teilen und die Lauchzwiebeln in kleine Ringe schneiden.

3 Die Böden mit dem Hummus bestreichen und mit den abgebrausten und abgetropften Kichererbsen, den Kirschtomaten, Falafel, getrockneten Tomaten, Käse und Zucchini belegen.

4 Alles für etwa 10 Minuten backen und anschließend mit Lauchzwiebeln garnieren.

QUINOA-FLAMMKUCHEN

4 Port. 8 h 30 Min. Leicht

Zutaten

Pfeffer
Salz
2 rote Zwiebeln
1 Zwiebel
1-2 Handvoll Blutampfer
2 EL Apfelessig
Hanfsamen
200 g grüner Spargel
1 Knoblauchzehe
150 g heller Quinoa
160 g vegane Crème fraîche
Bärlauchpesto

Nährwerte pro Portion

306 kcal
28 g Kohlenhydrate
17 g Fett
8 g Eiweiß

1 Quinoa für mindestens 8 Stunden in Wasser einweichen.

2 Den Backofen auf 200 °C Ober/-Unterhitze vorheizen und etwas Quinoa-Wasser abgießen. Pfeffer, Salz, Knoblauchzehen und einen Schuss Wasser damit vermischen und mixen, bis eine monotone Masse entsteht.

3 Die Teigmasse in zwei Stücken auf Backpapier verteilen und dünn ausrollen. Anschließend bei 200 °C für 15 Minuten backen, bis eine leicht bräunliche Farbe gegeben ist.

4 Spargel und Zwiebeln vorbereiten sowie klein schneiden.

5 Den Flammkuchenteig mit der Crème fraîche bestreichen und die Zwiebelstücke darüber geben. Das Ganze für weitere 15 Minuten backen.

6 Den Spargel in der Zwischenzeit etwas anbraten und die Zwiebel fein schneiden.

7 Die Zwiebel auf dem fertig gebackenen Flammkuchen verteilen und mit Hanfsamen, Blutampfer, Spargel und Pesto nach Belieben verfeinern.

PROTEIN-FLAMMKUCHEN

1 Blech

25 Min.

Leicht

Zutaten

1 Flammkuchenteig
Pfeffer
Salz
1 EL Apfelessig
80 g Sojajoghurt
1 Birne
1 rote Zwiebel
2 EL Sojasahne
20 g Walnüsse
Sprossen

Nährwerte pro Blech

560 kcal
36 g Kohlenhydrate
21 g Fett
34 g Eiweiß

1 Den Teig auf einer Arbeitsfläche mit Mehl ausrollen und auf einem Backblech mit Backpapier platzieren.

2 Den Boden für etwa 10 Minuten bei 200 °C vorbacken.

3 Apfelessig, Sojajoghurt, Sojasahne, Pfeffer und Salz miteinander vermischen und auf dem Teig verteilen.

4 Zwiebel und Birne klein schneiden und den Flammkuchen damit belegen sowie die Walnüsse darüber geben.

5 Das Ganze für weitere 12 bis 15 Minuten backen und anschließend Sprossen zum Garnieren verwenden.

FLAMMKUCHEN MIT MANDELSCHMAND

4 Port.

12 h 10 Min.

Leicht

Zutaten

1 TL Flohsamenschalen
100 g Mandeln
1 Handvoll Walnüsse
1/4 Würfel frische Hefe
1 TL Apfelessig
1 EL Öl
6 EL Pflanzenmilch
75 ml Wasser
1/4 TL Zucker
1 rote Zwiebel
Frische Petersilie
Salz
Pfeffer
75 ml lauwarmes Wasser
150 g Dinkelmehl
1 Birne

Nährwerte pro Portion

334 kcal
32 g Kohlenhydrate
17 g Fett
11 g Eiweiß

1 Für den Mandel-Schmand die Mandeln in Wasser für etwa 12 Stunden einweichen und anschließend mit einem Sieb abtropfen lassen.

2 Die Mandelhaut mit den Fingern entfernen und die weichen Mandeln mit Apfelessig, Milch und Wasser mixen, bis eine cremige Konsistenz entsteht.

3 Alles in einer Schüssel mit Pfeffer und Salz würzen und den Schmand im Kühlschrank lagern, bis der Teig vorbereitet ist.

4 Zucker und Hefe in einer Schüssel vermengen, bis die Hefe flüssig wird, und für etwa 5 Minuten stehen lassen.

5 Wasser, Öl, Mehl und Salz in einer Schüssel mit der Hefe zu einem glatten Teig verarbeiten. Bedecken und für etwa 30 Minuten an einem warmen Ort ziehen lassen.

6 Die Masse noch einmal gut durchkneten und auf einem Blech mit Backpapier ausrollen.

7 Den veganen Schmand auf dem Flammkuchen verteilen und die Birnenstreifen und Zwiebelringe darüber verteilen. Das Ganze im vorgeheizten Ofen auf unterster Schiene für etwa 10 Minuten bei 250 °C Ober/-Unterhitze backen und anschließend mit Petersilie und Walnüssen garnieren.

Tipp: Das Topping kann natürlich nach Belieben variieren.

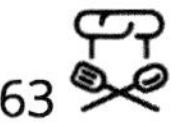

Flammkuchen mit Fisch

LACHS-PIZZA

4 Port.

1 h 45 Min.

Mittel

Zutaten

Salz
Pfeffer
Muskat
200 g Räucherlachs
3 Knoblauchzehen
10 g frische Hefe
2 EL geriebener Parmesan
370 g Weizenmehl
1 Handvoll Brunnenkresse
150 g saure Sahne
2 rote Zwiebeln
grobes Meersalz

Nährwerte pro Portion

585 kcal
669 g Kohlenhydrate
21 g Fett
30 g Eiweiß

1 Die Hefe in 175 ml lauwarmem Wasser auflösen lassen und mit 1 TL Salz und 350 g Mehl zu einer glatten Masse kneten, bis diese sich vom Schüsselrand löst. Das Ganze bedeckt für 45 Minuten an einem warmen Ort ruhen lassen.

2 Zwei Bleche mit Backpapier ausstatten und den Teig auf einer Arbeitsfläche mit Mehl kneten und in 4 Stücke teilen. Den Teig jeweils zu einem großen Fladen ausrollen und jeweils 2 Stück auf ein Blech geben.

3 Den gehackten Knoblauch unter die saure Sahne rühren und mit Muskat, Pfeffer, Salz und Parmesan verfeinern. Die Zwiebeln fein hacken und die Böden mit der Masse bestreichen sowie die Zwiebeln darauf verteilen.

4 Die Pizzen für 10 bis 15 Minuten im vorgeheizten Ofen bei 220 °C knusprig backen.

5 In der Zwischenzeit die Brunnenkresse säubern und den Lachs in grobe Stücke zupfen. Das Ganze anschließend mit Brunnenkresse und Lachs belegen sowie mit grobem Meersalz und Pfeffer verfeinern.

FLAMMKUCHEN MIT LACHS UND KARTOFFEL

4 Port.

1 h 35 Min.

Mittel

Zutaten

Pfeffer
Salz
3 Zwiebeln
150 g Crème fraîche
350 g Crème fraîche
1 Würfel frische Hefe
400 g Räucherlachs
2 Zweige Petersilie
600 g Mehl
2 Zweige Dill
4 festkochende Kartoffeln
50 g frischer Parmesan

Nährwerte pro Portion

1198 kcal
137 g Kohlenhydrate
51 g Fett
46 g Eiweiß

1 Hefe in etwa 300 ml lauwarmem Wasser auflösen und Salz mit Mehl zu einer Masse kneten. Den Teig bedeckt für etwa 45 Minuten an einem warmen Ort ruhen lassen.

2 Den Ofen auf 220 °C Ober/-Unterhitze vorheizen.

3 Crème fraîche mit Sauerrahm und Parmesan vermengen und die gekochten Kartoffeln pellen und grob stückeln.

4 Die Zwiebeln schälen und genau wie den Lachs in Würfel schneiden.

5 Petersilie und Dill abspülen und fein hacken.

6 Fisch und Kartoffeln unter den Sauerrahm rühren und mit Pfeffer und Salz verfeinern.

7 Den Teig auf einer Arbeitsfläche mit Mehl kneten und in 4 dünne Böden ausrollen. Diese einfetten und auf Bleche geben sowie einen dünnen Rand formen.

8 Die Lachs-Kartoffelmasse darüber verteilen und für etwa 20 Minuten im vorgeheizten Backofen backen.

FLAMMKUCHEN MIT SARDELLEN

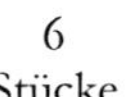

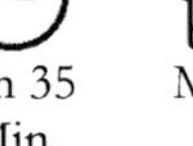

6 Stücke | 1 h 35 Min. | Mittel

Zutaten

600 g Zwiebeln
½ Würfel Hefe
2 EL Olivenöl
2 Knoblauchzehen
450 g Mehl
Salz
Pfeffer
2 Zweige Thymian
20 g Schmalz
1 Lorbeerblatt
6 Sardellenfilets

Nährwerte pro Stück

358 kcal
62 g Kohlenhydrate
8 g Fett
10 g Eiweiß

1 Schmalz, Salz und Hefe in etwa 250 ml lauwarmem Wasser auflösen. Nun das Mehl unterkneten, bis sich die Teigmasse vom Rand ablöst. Das Ganze für mindestens 45 Minuten an einem warmen Ort ruhen lassen.

2 Inzwischen den Knoblauch und die Zwiebeln schälen und hacken sowie die Thymianblätter von den Zweigen streifen. Nun den Ofen auf 220 °C Umluft vorheizen.

3 Zwiebeln glasig baten, Thymian und das Lorbeerblatt hinzufügen und mit Pfeffer und Salz verfeinern. Dann die Teigmasse auf einer Arbeitsfläche mit Mehl oval oder rund ausrollen und auf ein Blech mit Backpapier geben.

4 Den Zwiebelmix auf dem Boden verteilen und die Sardellen darauf geben. Alles für 25 Minuten im vorgeheizten Ofen backen.

FLAMMKUCHEN MIT GARNELEN

4 Port.

50 Min.

Mittel

Zutaten

5 EL Rapsöl
400 g Weizen-Vollkornmehl
200 g Lauch
Pfeffer
Salz
200 g saure Sahne
1 TL Wasabi-Paste
120 g Tiefseegarnelen

Nährwerte pro Portion

553 kcal
63 g Kohlenhydrate
24 g Fett
19 g Eiweiß

1 Den Lauch säubern und in dünne Ringe hacken, dann 1 EL Öl in einer Pfanne erwärmen und ihn für ca. 3 Minuten anbraten und anschließend zur Seite stellen.

2 Die Garnelen kalt abspülen und ordentlich abtropfen lassen.

3 Wasabi und saure Sahne miteinander vermengen und das restliche Öl, 250 ml Wasser, ½ TL Salz und Mehl in einer Schüssel zu einem ebenmäßigen Teig verkneten.

4 Die Masse auf einer Arbeitsfläche mit Mehl in 4 Portionen aufteilen und jede einzelne zu einem länglichen, feinen Fladen ausrollen.

5 Jeweils 2 Teigböden auf einem Blatt Backpapier platzieren und auf ein Backblech schieben.

6 Die Flammkuchen bei 225 °C im vorgeheizten Ofen für ca. 12 Minuten backen.

FLAMMKUCHEN MIT THUNFISCH

2 Port.

50 Min.

Leicht

Zutaten

230 ml Wasser
250 g Dinkelmehl
100 g Sauerrahm
1 große rote Zwiebel
2 TL Olivenöl
Salz
Pfeffer
1 Dose Vier Diamanten Thunfisch in Olivenöl
2 Fäuste Rucola

Nährwerte pro Portion

535 kcal
91 g Kohlenhydrate
9 g Fett
20 g Eiweiß

1 Den Ofen auf 175 °C Umluft vorheizen.

2 Öl, Salz, Wasser und Mehl miteinander vermengen und zu einem glatten Teig verarbeiten.

3 Den Teig auf einer Arbeitsfläche mit Mehl ausrollen und mit Sauerrahm versehen.

4 Die Zwiebel schälen, schneiden und mit dem Thunfisch auf dem Boden verteilen.

5 Mit Pfeffer und Salz abschmecken und für 30 Minuten im Ofen backen.

6 Den fertigen Flammkuchen mit Rucola garnieren.

Tipp: Der Flammkuchen kann mit einer Auswahl an beliebigem Gemüse individuell zubereitet werden.

FLAMMKUCHEN MIT FORELLE

4 Port.

30 Min.

Leicht

Zutaten

100 g Crème fraîche
Pfeffer
Salz
Halbe Zitrone
1 Flammkuchenteig
1 rote Zwiebel
300 g Forellenfilets ohne Haut

Nährwerte pro Portion

371 kcal
44 g Kohlenhydrate
12 g Fett
21 g Eiweiß

1 Die Forelle würfeln und diese mit etwas Zitronensaft beträufeln sowie mit Pfeffer und Salz verfeinern. Die Zwiebel in Ringe schneiden.

2 Den Backofen auf 200 °C vorheizen und den Teig auf einem Blech mit Backpapier ausrollen. Crème fraîche auf dem Teig ausbreiten und einen dünnen Rand frei lassen. Fisch und Zwiebelringe verteilen und nach Belieben würzen.

3 Den Flammkuchen für etwa 15 Minuten backen.

Tipp: Nach Belieben mit frischem Rucola garnieren.

FLAMMKUCHEN MIT RÄUCHERLACHS UND SÜSSKARTOFFEL

2 Port.

25 Min.

Leicht

Zutaten

Pfeffer
Salz
1 Flammkuchenteig
1 EL getrocknete Kräuter der Provence
3 rote Zwiebeln
250 g Süßkartoffel
100 g Kräuterfrischkäse
100 g geräucherter Lachs
1 EL Olivenöl

Nährwerte pro Portion

759 kcal
123 g Kohlenhydrate
14 g Fett
31 g Eiweiß

1 Die Zwiebeln schälen und fein hacken sowie die Süßkartoffeln säubern und in dünne Scheiben schneiden.

2 Die Süßkartoffeln in einer Schüssel mit den Kräutern, etwas Salz und 1 EL Olivenöl mischen.

3 Den Ofen auf 180 °C Umluft vorheizen und den Flammkuchenboden auf einem Blech mit Backpapier ausrollen. Den Frischkäse gut verteilen und mit den Süßkartoffel- und Zwiebelscheiben belegen.

4 Das Ganze für 10 Minuten backen und in der Zwischenzeit den Lachs in mundgerechte Portionen zupfen. Diese auf dem fertigen Flammkuchen verteilen, mit Pfeffer verfeinern und genießen.

Internationale Flammkuchen

GRIECHISCHE FLAMMKUCHEN

4 Port.

40 Min.

Mittel

Zutaten

etwas Oregano
Salz
1 Flammkuchenteig
200 g Feta
Pfeffer
1 Becher Crème fraîche (150 g)
10 Oliven
50 g Peperoni
200 g Kirschtomaten

Nährwerte pro Portion

450 kcal
46 g Kohlenhydrate
22 g Fett
16 g Eiweiß

1 Den Flammkuchenteig auf einem Blech mit Backpapier ausrollen und mit Salz und Pfeffer würzen sowie mit Crème fraîche bestreichen.

2 Die Tomaten waschen und schneiden und den Feta in kleine Stücke zerbröseln.

3 Oliven und die eingelegten Peperoni abtropfen lassen und die Oliven in Scheiben schneiden.

4 Oliven, Feta, Tomaten und Peperoni auf der Masse verteilen, etwas Oregano darüber streuen und den Flammkuchen bei 220 °C für ungefähr 15 bis 20 Minuten backen.

ITALIENISCHE FLAMMKUCHEN MIT KRÄUTERN

8 Stück

1 h 20 Min.

Leicht

Zutaten

150 g Parmaschinken
220 g Mehl
1 Aubergine
125 g (1 Pck.) Italienische Kräuter
300 g Schmand
1 Zucchini
Salz

Nährwerte

343 kcal
24 g Kohlenhydrate
23 g Fett
11 g Eiweiß

1 2 EL Kräuter, ½ TL Salz, Mehl und 100 ml kaltes Wasser zu einem glatten Teig kneten und anschließend in Folie einwickeln. Dann für etwa 30 Minuten ziehen lassen.

2 Zucchini und Aubergine säubern und in Scheiben schneiden, dann auf mittlerer Stufe mit Kräutern anbraten und mit Pfeffer und Salz abschmecken.

3 Den Teig in der Hälfte aufteilen, dünn ausrollen und auf 2 Bleche mit Backpapier geben.

4 Die restlichen Kräuter und den Schmand vermengen und die Teigmasse damit bestreichen. Außerdem die Zucchini- und Auberginenscheiben auf dem Boden verteilen.

5 Die Schinkenscheiben halbieren, ebenfalls auf dem Flammkuchen verteilen und alles bei 240 °C für etwa 8 bis 10 Minuten im vorgeheizten Ofen backen.

SÜDTIROLER FLAMMKUCHEN

4 Port. | 1 h 50 Min. | Mittel

Zutaten

150 g Crème fraîche
1 EL Zitronensaft
225 g Mehl
100 g Mascarpone
2 EL Olivenöl
1 Handvoll Rucola
30 g Walnusskerne
1 Eigelb
1 Apfel
100 ml lauwarmes Wasser
4 EL Olivenöl
100 g Südtiroler Speck
1 TL Honig
½ Bund Schnittlauch
100 g Stilfser Käse
2 EL Apfelessig
1 TL mittelscharfer Senf

Nährwerte pro Portion

794 kcal
48 g Kohlenhydrate
57 g Fett
21 g Eiweiß

1 Eigelb, Olivenöl, Salz, Mehl und Wasser in einer Schüssel vermischen und zu einem glatten Teig kneten.

2 Bedeckt für 30 Minuten bei Raumtemperatur ziehen lassen und in der Zwischenzeit Belag und Vinaigrette vorbereiten.

3 Den Ofen auf 230 °C Ober/-Unterhitze vorheizen und zwei Bleche mit Backpapier versehen. Den Teig in 4 Portionen aufteilen und auf einer Arbeitsfläche mit Mehl dünn ausrollen.

4 Für die Vinaigrette den Apfel in kleine Würfel schneiden und mit dem Zitronensaft vermischen sowie die gehackten Walnüsse hinzugeben.

5 Honig, Senf und Apfelessig in einer anderen Schüssel vermengen und mit Pfeffer und Salz abschmecken. Das Olivenöl unter ständigem Rühren hinzugießen und zu einer glatten Masse vermengen.

6 Die Walnüsse und Apfelwürfel untermengen und den geschnittenen Schnittlauch hinzufügen. Vinaigrette zur Seite stellen.

7 Den Käse klein reiben und mit Crème fraîche und Mascarpone verrühren, mit Pfeffer und Salz würzen und ebenfalls beiseitestellen.

8 Die käsige Masse auf den Böden verteilen und den gezupften Speck darüber geben. Die Flammkuchen für ca. 12 Minuten backen und anschließend mit der Walnuss-Apfel-Vinaigrette und dem Rucola verfeinern.

TÜRKISCHE FLAMMKUCHEN

4 Port.

50 Min.

Leicht

Zutaten

3 EL Öl
2 getrocknete Chilischoten
300 g Mehl
3 rote Zwiebeln
10 g frische Hefe
1 Aubergine
75 g Crème fraîche
1 Zweig Rosmarin
75 g Magerjoghurt
6 EL Olivenöl
1 TL Salz
150 ml lauwarmes Wasser
50 g grüne Oliven
1 TL Tafelsenf
3 Zweige Petersilie
80 g Schafskäse
50 g eingelegte Peperoni
1-2 Knoblauchzehen

Nährwerte pro Portion

659 kcal
59 g Kohlenhydrate
40 g Fett
14 g Eiweiß

1 Wasser, Hefe, Salz und Zucker zu einem Teig vermengen und an einem warmen Ort für 15 Minuten ruhen lassen. Öl und Mehl hinzugeben und wieder an einem warmen Ort für etwa 45 Minuten gehen lassen. Nochmals ordentlich durchkneten.

2 Zwiebeln und Knoblauch schälen und hacken und Aubergine in Scheiben schneiden.

3 Knoblauch mit Crème fraîche und Joghurt vermengen und mit Chili verfeinern. Den Rosmarin zupfen und die Aubergine mit Olivenöl anbraten. Rosmarin im Bratfett mitschwenken und alles abtropfen lassen.

4 Den Backofen auf 220 °C vorheizen und den Teig auf einer Arbeitsfläche mit Mehl ausrollen sowie auf einem Blech mit Backpapier platzieren.

5 Den Flammkuchen mit der Knoblauchmasse bestreichen und Peperoni, Schafskäse, Aubergine sowie zerbröckelten Schafskäse darauf verteilen.

6 Alles für etwa 15 Minuten backen und mit Petersilie garnieren.

SPANISCHE FLAMMKUCHEN

4 Port.

30 Min.

Leicht

Zutaten

3 EL Öl
300 g Mehl
150 g Crème fraîche
120 g Kirschtomaten
40 g Chorizo
40 g spanischer Schinken
3 Zweige Thymian
70 g Oliven
1 EL Mojo verde
Tortilla Chips nach Belieben
3 Zwiebeln
10 g frische Hefe

Nährwerte pro Portion

573 kcal
59 g Kohlenhydrate
30 g Fett
15 g Eiweiß

1 Wasser, Hefe, Salz und Zucker zu einem Teig vermengen und an einem warmen Ort für 15 Minuten ruhen lassen. Öl und Mehl hinzugeben und wieder an einem warmen Ort für etwa 45 Minuten gehen lassen. Nochmals ordentlich durchkneten.

2 Thymianblätter von den Zweigen zupfen, Zwiebeln schälen und fein hacken. Chorizo in Scheiben schneiden und Oliven halbieren sowie die Tomaten waschen. Den Schinken zupfen und Crème fraîche mit Mojo verde vermengen.

3 Den Backofen auf 220 °C vorheizen und den Teig auf einer Arbeitsfläche mit Mehl ausrollen. Den ausgerollten Teig auf ein Blech mit Backpapier geben und mit der cremigen Masse bestreichen.

4 Den Teig mit Chorizo, Tomaten, Zwiebeln und Schinken belegen und Thymian sowie Oliven darauf verteilen.

5 Den Flammkuchen für etwa 15 Minuten bei 220 °C backen und mit Tortilla-Chips verfeinern.

FRANZÖSISCHE FLAMMKUCHEN

4 Port. 40 Min. Leicht

Zutaten

1 kleine Dose Artischockenherzen
300 g Mehl
200 g Schalotten
150 g Crème fraîche
10 g frische Hefe
200 g Camembert
40 g Kapernäpfel
1 TL Salz
Pfeffer
150 ml lauwarmes Wasser
40 g schwarze Oliven
3 EL Öl
je 3 Zweige Rosmarin

Nährwerte pro Portion

704 kcal
57 g Kohlenhydrate
43 g Fett
20 g Eiweiß

1 Wasser, Hefe, Salz und Zucker zu einem Teig vermengen und an einem warmen Ort für 15 Minuten ruhen lassen. Öl und Mehl hinzugeben und wieder an einem warmen Ort für etwa 45 Minuten gehen lassen. Nochmals ordentlich durchkneten.

2 Artischocken abtropfen lassen und grob hacken sowie die Schalotten schälen und in Scheiben schneiden. Die Kräuter abbrausen und abzupfen sowie klein schneiden.

3 Den Backofen auf 220 °C vorheizen und den Teig auf einer Arbeitsfläche mit Mehl ausrollen. Das Ganze auf ein Blech mit Backpapier geben und die Crème fraîche mit den geschnittenen Kräutern vermischen. Die Masse auf dem Teig verteilen.

4 Kapernäpfel, Schalotten, Oliven und Artischocken darüber verteilen und mit Pfeffer abschmecken. Kräuterzweige und Camembert zum Belegen nutzen und für 15 Minuten backen.

AMERIKANISCHE FLAMMKUCHEN

4 Port.

30 Min.

Leicht

Zutaten

2 Gewürzgurken
300 g Mehl
10 g frische Hefe
200 g gemischtes Hackfleisch
2 Zwiebeln
2 Tomaten
1 EL Paniermehl
150 ml lauwarmes Wasser
150 g Crème fraîche
3 EL Öl
1-2 EL Ketchup
40 g geriebener Gouda
Salz
Pfeffer
1 EL Tafelsenf

Nährwerte pro Portion

632 kcal
61 g Kohlenhydrate
33 g Fett
21 g Eiweiß

1 Wasser, Hefe, Salz und Zucker zu einem Teig vermengen und an einem warmen Ort für 15 Minuten ruhen lassen. Öl und Mehl hinzugeben und wieder an einem warmen Ort für etwa 45 Minuten gehen lassen. Nochmals ordentlich durchkneten.

2 Tomaten, Zwiebeln und Gurken schneiden.

3 Das Fleisch mit Ketchup und Paniermehl mischen und mit Pfeffer und Salz abschmecken.

4 Den Backofen auf 220 °C vorheizen und den Teig auf einer Arbeitsfläche mit Mehl ausrollen. Das Ganze auf einem Blech mit Backpapier platzieren. Senf und Crème fraîche vermengen und auf dem Teig verteilen.

5 Alle Zutaten auf dem Flammkuchen verteilen und im Anschluss mit dem Gouda bestreuen. Zuletzt für 15 Minuten backen und genießen.

SCHWEDISCHE FLAMMKUCHEN

4 Port.

1 h 20 Min.

Mittel

Zutaten

100 g Brotaufstrich
400 g Mehl
1 TL Zucker
Muskat
Salz
Paprikapulver
1 Zwiebel
100 g Blauschimmelkäse
2 EL Milch
½ Würfel Hefe
Pfeffer
1 Birne

Nährwerte pro Portion

529 kcal
77 g Kohlenhydrate
16 g Fett
17 g Eiweiß

1 Salz und Mehl vermengen und eine Mulde in die Mitte drücken. Zucker und zerbröckelte Hefe in die Mulde füllen und 250 ml lauwarmes Wasser hinzugießen. Alles gut zu einem glatten Teig verkneten.

2 Bedeckt und an einem warmen Ort für etwa 30 Minuten ruhen lassen und den Teig nochmals gut durchkneten. Die Masse in 4 Portionen aufteilen und jeweils ausrollen sowie auf ein Blech mit Backpapier geben.

3 Gewürze, Brotaufstrich und Milch vermischen und die Zwiebel und Birne vorbereiten sowie klein schneiden. Den Käse in grobe Brocken zupfen.

4 Die Masse auf dem Boden verteilen und mit Käse, Birne und Zwiebelringen belegen.

5 Die Fladen bei 200 °C Umluft im vorgeheizten Backofen für etwa 25 Minuten backen.

FLAMMKUCHEN AUF SYLTER ART

4 Port. | 1 h 25 Min. | Leicht

Zutaten

350 g Mehl
1 Bund Lauchzwiebeln
weißer Pfeffer
Salz
2 TL Zucker
½ Würfel Hefe
1 Portion Lachs
30 g Senf, mittelscharf
90 g Weißer Balsamicoessig
60 g Honig
200 g lauwarmes Wasser
30 g Olivenöl

Nährwerte pro Portion

481 kcal
78 g Kohlenhydrate
11 g Fett
15 g Eiweiß

1 Pfeffer, Salz, Essig, Olivenöl, Senf, Zucker und Honig miteinander verrühren und im Kühlschrank lagern.

2 Etwas Salz, Öl, Mehl, Wasser und Hefe zu einem glatten Teig verkneten und bedeckt für etwa 25 Minuten ruhen lassen. Die Teigmasse auf einem Blech mit Backpapier platzieren und das Ganze für 25 Minuten bei 200 °C backen.

3 Den fertig gebackenen Flammkuchen mit der Honig-Senf-Sauce bestreichen und den Lauch sowie Lachs darüber verteilen.

ASIATISCHE FLAMMKUCHEN

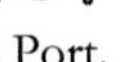

4 Port. | 2 h 40 Min. | Mittel

Zutaten

1 Stück frische Kokosnuss
3 TL Bengal Curry
250 g Weizenmehl
2 Möhren
4 Lauchzwiebeln
2 Becher Schmand
125 ml Wasser
1 Prise Meersalz
1 Limette
2 Hähnchenkoteletts
Salz
2 EL Olivenöl
2 Pfirsiche

Nährwerte pro Portion

464 kcal
53 g Kohlenhydrate
19 g Fett
19 g Eiweiß

1 Wasser, Olivenöl, Mehl und Salz miteinander vermengen und zu einem gleichmäßigen Teig verarbeiten. Das Ganze für 1 Stunde in Folie gepackt kaltstellen.

2 Währenddessen Salz, Curry, Schmand und Limettenabrieb in einer Schüssel vermischen und beiseitestellen.

3 Die Möhren blanchieren und abschrecken sowie abtropfen lassen.

4 Die Pfirsiche und Lauchzwiebeln fein schneiden und das Hähnchen in einer Pfanne gut anbraten, bis es gar ist. Dieses ebenfalls in Stücke schneiden.

5 Den Ofen auf 250 °C vorheizen und auf einer Arbeitsfläche mit Mehl den Teig in 4 Portionen aufteilen und dünn ausrollen.

6 Den Schmand auf die Böden streichen und mit Hähnchen, Pfirsich und Möhre belegen.

7 Die Flammkuchen mit Lauchzwiebeln bestreuen und für etwa 4 Minuten backen.

8 Noch etwas Kokosnuss über die Flammkuchen reiben und den asiatischen Geschmack genießen.

Tipp: Wer Probleme hat, die Kokosnuss zu öffnen, kann mit einem Schraubendreher die kleinen Vertiefungen einstechen, das Wasser ablaufen lassen (und trinken) und dann mit einem Hammer die Nuss aufbrechen.

Süße Flammkuchen

APFEL FLAMMKUCHEN

2 Teigfladen

1 h 45 Min.

Leicht

Zutaten

Salz
Pfeffer
400 g Mehl
3 Äpfel
1 Thymianzweig
200 g Crème fraîche
7 g Trockenhefe
1 Handvoll Mandeln
1 Eigelb
1 Messerspitze Zucker

Nährwerte pro Fladen

1398 kcal
203 g Kohlenhydrate
49 g Fett
33 g Eiweiß

1 Trockenhefe, Zucker, Salz und Mehl miteinander vermengen und mit 250 ml lauwarmem Wasser zu einem glatten Teig verarbeiten. Alles bedecken und für 45 Minuten an einem warmen Ort aufgehen lassen.

2 Den Ofen auf 250 °C Ober/-Unterhitze vorheizen und die Äpfel fein schneiden sowie mit Eigelb und Crème fraîche vermischen.

3 Die Teigmasse auf einer Arbeitsfläche mit Mehl zu zwei länglichen Böden ausrollen und auf Backpapier platzieren. Die Masse darauf verteilen und Thymian darüber verstreuen. Alles mit Mandeln und Apfelscheiben belegen und für etwa 10 bis 12 Minuten im vorgeheizten Backofen backen.

FLAMMKUCHEN MIT BANANE UND NUTELLA

3 kleine Flamm-kuchen

35 Min.

Leicht

Zutaten

100 ml lauwarmes Wasser
150 g Crème fraîche
220 g Mehl
2 große Bananen
1 EL Olivenöl
50 g weiße Schokolade
1 Eigelb
½ TL Salz
50 g Zartbitter-schokolade
150 g Nutella
1 EL Ahornsirup
50 g gesalzene Erdnüsse

Nährwerte pro Flammkuchen

1116 kcal
126 g Kohlenhydrate
57 g Fett
20 g Eiweiß

1 Öl, Wasser, Eigelb, Mehl und eine Prise Salz miteinander vermengen und zu einem glatten Teig verkneten. Das Ganze für etwa 30 Minuten ruhen lassen.

2 Den Ofen auf 230 °C Ober/-Unterhitze vorheizen und ein Blech mit Backpapier ausstatten.

3 Den Ahornsirup mit der Crème fraîche verrühren. Erdnüsse und Schokolade grob hacken und die Bananen schälen sowie klein schneiden. Nutella anschließend kurz erhitzen, um eine flüssige Konsistenz zu erreichen.

4 Die Teigmasse in 3 Portionen aufteilen und jeweils dünn ausrollen. Mit der cremigen Masse bestreichen und Nutella darüber verteilen. Das Ganze mit Nüssen und Bananen belegen und mit Schokolade garnieren.

5 Das Ganze für etwa 10 Minuten auf der untersten Schiene im Backofen backen.

FLAMMKUCHEN MIT MANDELN UND BLAUBEEREN

4 Port. | 1 h 30 Min. | Leicht

Zutaten

1 TL Salz
ca. 4 EL Zucker
400 g Mehl
250 ml lauwarmes Wasser
1 Pck. Trockenhefe
250 g Blaubeeren
100 g ganze Mandeln
2 Becher Crème fraîche

Nährwerte pro Portion

799 kcal
82 g Kohlenhydrate
42 g Fett
19 g Eiweiß

1 Etwas Zucker, Mehl, Salz und Hefe miteinander mischen und das lauwarme Wasser hinzugeben. Die Komponenten zu einem gleichmäßigen Teig kneten. Alles bedecken und für 1 Stunde an einem warmen Ort ruhen lassen.

2 Den Backofen auf 250 °C Ober/-Unterhitze vorheizen. Die Teigmasse einmal gut kneten und in 4 Portionen teilen. Die 4 Stücke auf einer Arbeitsfläche mit Mehl jeweils dünn ausrollen und auf ein Blech mit Backpapier geben.

3 Die Ränder jeweils ein wenig nach innen umklappen und einen Flammkuchen jeweils mit einem halben Becher Crème fraîche, mit gehackten Mandeln und mit Blaubeeren versehen. Anschließend 1 EL Zucker darüber verteilen.

4 Die Flammkuchen für 8 bis 12 Minuten auf der mittleren Schiene backen, bis sie knusprig und goldbraun sind.

FLAMMKUCHEN MIT MASCARPONE UND FRÜCHTEN

4 Port.

40 Min.

Leicht

Zutaten

2 EL Mandelblättchen
10 g Hefe
1 EL Öl
125 g Himbeeren
125 g Johannisbeeren
150 g Mehl
100 g Mascarpone
Zucker
Salz
1 Pck. Vanillin-Zucker
1 Dose Aprikosen
150 g Vollmilch-Joghurt

Nährwerte pro Portion

410 kcal
51 g Kohlenhydrate
18 g Fett
8 g Eiweiß

1 Die Hefe zerbröseln und gemeinsam mit 1 TL Zucker vermengen, bis sie flüssig wird. 75 ml lauwarmes Wasser, Mehl, Öl und 1 Prise Salz in einer Schüssel mit der Hefe verrühren und zu einem Teig verarbeiten. Alles bedecken und für 30 Minuten an einem warmen Ort ruhen lassen.

2 Währenddessen Joghurt und Mascarpone vermengen und mit 1 EL Zucker sowie Vanillin-Zucker süßen.

3 Die Beeren verlesen und waschen sowie die Aprikosen abtropfen lassen. Den Teig wieder ordentlich durchkneten und dünn ausrollen.

4 Backpapier auf ein Blech geben und den Teig darauf platzieren. Die cremige Masse darauf verteilen und dann mit den Johannisbeeren und Aprikosen belegen.

5 Das Ganze für 10 bis 12 Minuten im vorgeheizten Ofen bei 225 °C Umluft backen und die Himbeeren auf den fertigen Flammkuchen verteilen sowie die Mandeln zum Garnieren nutzen.

FLAMMKUCHEN MIT WALNÜSSEN UND PFLAUMEN

2 Port.

45 Min.

Leicht

Zutaten

125 ml Wasser
2 EL Butter
3 Stiele Salbei
250 g Mehl
1 Eigelb
50 g Crème fraîche
1 TL Zimt
4 EL Öl
100 g Pflaumen
50 g Walnüsse
4 EL Honig
1 TL Salz

Nährwerte pro Portion

1047 kcal
114 g Kohlenhydrate
57 g Fett
19 g Eiweiß

1 Wasser, Olivenöl, Zimt, Salz und Eigelb zu einem gleichmäßigen Teig verarbeiten.

2 Salbei waschen und die trockenen Blätter von den Stielen ziehen. Die Pflaumen säubern und in Scheiben schneiden.

3 Den Ofen auf 225 °C Ober/-Unterhitze vorheizen und den Teig auf einer Arbeitsfläche mit Mehl dünn ausrollen. Ein Blech mit Backpapier versehen und den Teig darauf schieben.

4 Den Boden mit Crème fraîche bestreichen und die Walnüsse und Pflaumen darauf verteilen. Die Flammkuchen für etwa 10 Minuten auf der mittleren Ebene des Ofens backen.

5 Anschließend Butter in einer Pfanne schmelzen lassen und den Salbei anbraten. Den Honig darin einrühren und alles abkühlen lassen. Die Masse auf den fertigen Flammkuchen verteilen.

FLAMMKUCHEN MIT ERDBEEREN

1 Blech

20 Min.

Leicht

Zutaten

½ Pck. Vanillezucker
2 EL Schokosauce
150 g Schmand
1 Handvoll Basilikum-Blätter
etwas abgeriebene Orangenschale
1 Flammkuchenteig
6 Amarettini
200-250 g Erdbeeren

Nährwerte pro Blech

1376 kcal
37 g Kohlenhydrate
6 g Fett
5 g Eiweiß

1 Vanillezucker, Orangenschale und Schmand miteinander vermengen und die gewaschenen Erdbeeren in kleine Scheiben schneiden.

2 Den Flammkuchenteig entrollen und auf einem Blech platzieren. Den Schmand sowie die Erdbeeren auf dem Teig gleichmäßig verteilen und im vorgeheizten Ofen für 12 Minuten bei 220 °C Ober/-Unterhitze backen.

3 Währenddessen das Amarettini zerbröckeln und die Basilikumblätter zupfen. Beides auf dem fertigen Flammkuchen verteilen und mit Schokosauce nach Belieben garnieren.

FLAMMKUCHEN MIT COOKIES

12 Stück

25 Min.

Leicht

Zutaten

50 g Vollmilch-schokolade
1 Becher Crème fraîche
2 Äpfel
4 EL Schokolinsen
2 EL Eiskaffee Schoko
30 g Mini-Marshmallows
1 Flammkuchenteig
4 weiße American Cookies

Nährwerte pro Stück

149 kcal
14 g Kohlenhydrate
8 g Fett
4 g Eiweiß

1 Eiskaffee Schoko und Crème fraîche miteinander mischen und den Flammkuchenteig auf einem Blech mit dem gegebenen Backpapier entrollen. Das Ganze mit der cremigen Masse versehen.

2 Die Äpfel waschen sowie in Scheiben schneiden und die Cookies grob zerhacken. Den Teig dann mit den Marshmallows, den Äpfeln und den Cookie-Krümeln belegen und im vorgeheizten Ofen für 15 bis 20 Minuten bei 180 °C backen.

3 Ein Wasserbad vorbereiten und die Schokolade darin schmelzen lassen. Den Flammkuchen anschließend mit Schokolinsen belegen und die flüssige Schokolade zum Garnieren nutzen.

Tipp: Der Flammkuchen kann nach Belieben mit Früchten Ihrer Wahl getoppt werden.

SOMMER-FLAMMKUCHEN

6-8 Port. | 30 Min. | Leicht

Zutaten

50 g gehackte Mandeln
225 g Mehl
2 EL Puderzucker
1 Eigelb
100 ml lauwarmes Wasser
250 g Crème fraîche
1 kg reife Pfirsiche
50 g Zucker
2 EL Sonnenblumenöl

Nährwerte pro Portion

453 kcal
53 g Kohlenhydrate
22 g Fett
8 g Eiweiß

1 Eigelb, Zucker, Mehl, Öl und Wasser miteinander vermengen und zu einer gleichmäßigen Teigmasse verarbeiten sowie für ein paar Minuten bedeckt gehen lassen.

2 Währenddessen die Pfirsiche säubern und in dünne Scheiben schneiden.

3 Puderzucker und Crème fraîche miteinander mischen und den Teig in zwei Portionen aufteilen. Die Teighälften auf einer Arbeitsfläche mit Mehl dünn ausrollen.

4 Den Ofen auf 225 °C vorheizen und zwei Bleche mit Backpapier ausstatten.

5 Die Böden auf die Bleche ziehen und mit der cremigen Masse bestreichen. Anschließend die Pfirsiche dazu geben und gleichmäßig verteilen sowie mit Mandeln bestreuen.

6 Alles für 12 bis 15 Minuten auf der mittleren Schiene im Ofen backen und genießen.

FLAMMKUCHEN MIT MIRABELLEN

4 Port.

30 Min.

Leicht

Zutaten

1/4 l Milch
5 EL Zucker
½ Pck. Vanillepudding-pulver
1 Flammkuchenteig
300 g Mirabellen

Nährwerte pro Portion

363 kcal
73 g Kohlenhydrate
3 g Fett
9 g Eiweiß

1 Den Teig ausrollen und auf ein Blech mit Backpapier geben.

2 Puddingpulver mit Zucker und Milch aufkochen, bis ein Pudding entsteht, und diesen dann ebenmäßig auf dem Teig verteilen.

3 Die Mirabellen säubern und klein schneiden sowie auf dem Pudding verteilen.

4 Alles mit Zucker bestreuen und für etwa 15 bis 20 Minuten bei 170 °C backen.

Tipp: Wer möchte, kann den Flammkuchen auch mit Aprikosenkonfitüre glasieren.

FLAMMKUCHEN MIT GRANATAPFEL UND MANGO

4 Port.

35 Min.

Mittel

Zutaten

125 g Mascarpone
275 g Mehl
½ Granatapfel
150 ml Wasser
125 g fettarmer Speisequark
1 TL Honig
3 Tüten Vanillezucker
2 EL Olivenöl
½ Mango
1 TL Salz

Nährwerte pro Portion

872 kcal
115 g Kohlenhydrate
33 g Fett
26 g Eiweiß

1 Vanillezucker, Salz, Wasser, Öl und Mehl in einer Schüssel zu einem Teig verarbeiten und diesen mit Frischhaltefolie bedeckt im Kühlschrank lagern, bis die restlichen Zutaten vorbereitet sind.

2 Speisequark, Vanillezucker, Honig und Mascarpone miteinander vermengen. Die Schale des Granatapfels rundherum einritzen und den Granatapfel auseinanderdrehen, sodass man 2 Hälften hat.

3 Die Hälften in einer Schüssel Wasser von ihren Kernen befreien und die Mango wie auch den Granatapfel rundherum einschneiden und auseinanderdrehen.

4 Den Kern entfernen, die Mango mit Schale kleinschneiden und das Innere nach außen stülpen sowie das Fruchtfleisch abtrennen.

5 Anschließend den gekühlten Teig dünn ausrollen und mit der Mischung bestreichen.

6 Das Ganze im vorgeheizten Ofen bei 200 °C Ober/-Unterhitze für etwa 20 Minuten backen.

7 Die Mango-Stücke und Granatapfelkerne auf dem Flammkuchen verteilen und schmecken lassen.

Tipp: Diesen süßen Flammkuchen kann man besonders gut mit etwas frischer Minze verfeinern.

FLAMMKUCHEN MIT SÜSSEM RHABARBER UND VANILLESAUCE

4 Port.

45 Min.

Mittel

Zutaten

20 g Hefe
3 EL Olivenöl
300 g Mehl
2 TL Honig
100 g Joghurt
600 g Rhabarber
4-5 EL Honig
2 EL Zucker
2 Becher Crème fraîche
125 ml lauwarmes Wasser
350 ml Milch
$^{1}/_{3}$ Pck. Vanillepuddingpulver
Abrieb einer Limette

Nährwerte pro Portion

645 kcal
81 g Kohlenhydrate
28 g Fett
14 g Eiweiß

1 Mehl in eine Schüssel füllen und in die Mitte eine Mulde eindrücken. Wasser hinzugeben und Hefe hineinbröseln. Honig ebenfalls in die Mulde füllen und alles sanft mit einer Gabel oder den Fingern vermischen. Olivenöl und Salz zugeben und alles zu einem gleichmäßigen Teig verarbeiten.

2 Die Teigmasse für ca. 5 Minuten auf einer Arbeitsfläche mit Mehl kneten, in eine Schüssel füllen und mit Mehl bestreuen. Alles bedecken und an einem warmen Ort für etwa 30 bis 40 Minuten ruhen lassen.

3 In der Zwischenzeit den Rhabarber säubern und in gleichgroße, mundgerechte Stücke schneiden. Limettensaft und 4-5 EL Honig vermischen und die Rhabarberstücke darin ziehen lassen.

4 Abrieb einer Limette, Crème fraîche und Joghurt vermischen und den Ofen auf 230 °C Ober/-Unterhitze vorheizen.

5 Den Flammkuchenteig in 2 Portionen teilen und jeweils dünn ausrollen. Alles auf ein Blech mit Backpapier geben und mithilfe einer Gabel leichte Einstiche machen, um ein zu großes Volumen zu vermeiden.

6 Den Teig mit der cremigen Masse bestreichen und mit dem abgetropften Rhabarber belegen. Alles für etwa 12 Minuten backen und in der Zwischenzeit die Vanillesauce zubereiten.

7 Dafür das Puddingpulver mit einem Schuss Milch und Zucker verrühren. Milch in einem Topf aufkochen lassen, vom Herd nehmen und das angemischte Puddingpulver unterrühren. Den Topf noch einmal auf die Herdplatte stellen und gleichmäßig und konstant rühren sowie für 1 weitere Minute kochen lassen. Die Sauce über den Flammkuchen geben und schmecken lassen!